供给侧改革
引领"十三五"

吴敬琏 厉以宁 林毅夫 樊纲
周其仁 张维迎 许小年 李稻葵

朱克力 ◎ 主编

> 国务院发展研究中心专家审定 <

中信出版集团·CHINACITICPRESS·北京

图书在版编目（CIP）数据

供给侧改革引领"十三五"/吴敬琏等著.—北京：中信出版社，2016.3（2016.4重印）
ISBN 978–7–5086–5812–4

Ⅰ.①供… Ⅱ.①吴… Ⅲ.①中国经济－经济发展趋势－研究－2016~2020 Ⅳ.①F123.2

中国版本图书馆 CIP 数据核字（2015）第 321181 号

供给侧改革引领"十三五"

著　者：吴敬琏　等
策划推广：中信出版社（China CITIC Press）
出版发行：中信出版集团股份有限公司
　　　　　（北京市朝阳区惠新东街甲 4 号富盛大厦 2 座　邮编 100029）
　　　　　（CITIC Publishing Group）
承　印　者：北京通州皇家印刷厂

开　　本：880mm×1230mm　1/32　印　张：11　字　数：207 千字
版　　次：2016 年 3 月第 1 版　　印　次：2016 年 4 月第 8 次印刷
广告经营许可证：京朝工商广字第 8087 号
书　　号：ISBN 978–7–5086–5812–4/F · 3569
定　　价：49.00 元

版权所有·侵权必究
凡购本社图书，如有缺页、倒页、脱页，由发行公司负责退换。
服务热线：010–84849555　　服务传真：010–84849000
投稿邮箱：author@citicpub.com

目录

序 创新制度体系,推动供给侧变革 吴敬琏 / VII

第一章 创新驱动新常态 / 001

新常态国家的创新体系 吴敬琏 / 003

只有创新才能更好生存 厉以宁 / 011

经济低潮要反向思考,寻找动力和空间 周其仁 / 017

中国经济新常态下的企业机会 林毅夫 / 025

中国经济中长期发展趋势与改革战略 刘世锦 / 032

中国搭上科技革命列车头等车厢 姚洋 / 039

中国经济新增长点怎么"发光"？ 李稻葵 / 046

第二章 供给侧改革（上）/ 053

继续推进工业化,创新是关键 厉以宁 / 055

正确理解供给侧结构性改革 李佐军 / 065

新供给发力：重塑中国经济增长红利　张茉楠 / 070

制度变革令三大发动机释放新红利　李佐军 / 090

第三章　供给侧改革（下）/ 109

供给侧改革的主战场是要素市场改革　刘世锦 / 111

以制度供给为核心，推进改革优化供给侧环境机制　贾康 / 118

供给侧改革须避免三大误区　滕泰 / 125

为什么宏观调控要转向供给侧　周天勇 / 139

以供给侧结构性改革推动"十三五"转型升级　迟福林 / 161

第四章　互联网＋/ 173

"互联网＋"：连接普惠经济　马化腾 / 175

移动互联网的 10 个关键点　马化腾 / 182

互联网时代，如何创新商业模式　张瑞敏 / 196

第五章　大众创业　万众创新 / 207

面对现实，回归常识　许小年 / 209

公司与中国现代化进程　陈志武 / 230

市场的逻辑与企业家精神　张维迎 / 247

创新、制度与规律　樊纲 / 258

万众创新，要从教育做起　俞敏洪 / 265

第六章　中国制造 2025 / 271

培育中国制造能力的巨大势能　　周其仁 / 273

如何保持中国制造业增长势头　　樊纲 / 279

中国制造 2025 路线图与方法论　　苗圩 / 288

关于"中国制造 2025"的策略　　李培根 / 302

第七章　治理现代化 / 309

移动互联应用于城市交通的思路　　周其仁 / 311

互联网城市化呼唤释放私车潜力　　薛兆丰 / 319

生态治理现代化越显重要和紧迫　　俞可平 / 324

后记　供给侧改革如何引领中国"十三五"　　朱克力 / 331

序

创新制度体系,推动供给侧变革

吴敬琏　国务院发展研究中心研究员

中国经济正面临着变革的关口,这需要解决供给侧的问题。

供给侧的逻辑

我们从过去讨论宏观经济问题的时候主要着重在需求侧转向着重供给侧,这是非常重大的转变,是积极的转变。供给侧存在问题提出很久了,但是在分析问题、提出解决办法的时候,往往把重点放到了需求侧。为什么现在会碰到这么多问题呢?一分析就是需求方力道不足,就是大家所知道的"三驾马车"。

特别是2009年全球金融危机发生以后，经济上暴露出许多问题，这些问题的根源在哪里？习惯思维就是认为需求侧出了问题，需求不足。需求侧主要包括三个因素：投资、消费、出口。因为这三方面不振，所以经济上出现了速度下滑以及其他一些问题。

从这样的观点、角度去考虑问题，得出的答案是增加需求。增加消费需求碰到很多困难，设法增加出口需求也碰到很大的困难，最容易办的、政府也比较有能力去做的是增加投资，叫作"扩需求、保增长"。但是这个办法是有局限性的，甚至会引起一些副作用。比如2008年4万亿元投资、2009年10万亿元贷款措施推出后，经济增速马上就回升了。可也有一些副作用，最近两年副作用表现很大，主要是两个方面。第一是投资回报递减。在2008年4万亿元投资、2009年10万亿元贷款措施推出后，经济增速马上就回升三个甚至四个百分点。然而，近年来效率递减，同样的刺激力度，但是经济增速回升得很少且持续时间很短，甚至到了最近这一年投资后GDP（国内生产总值）增速没有变化。用增强需求的办法去解决问题效果越来越差了。

第二，我们如果靠投入资源去解决问题，可我们又没有那么多资源，资源越来越紧缺，投进去的是什么呢？就是票子、债务，就是寅吃卯粮，这使得国民资产负债表、国家资产负债表，包括政府资产负债表、企业资产负债表和居民资产负债表杠杆率越升越高，特别是整个企业界杠杆率远远超过了欧盟所规定的 90% 的水平，这样某些环节上就开始出现债务危机和资金链断裂，如果这种情况继续发生而且发散开来会影响整个国民经济的稳定，出现所谓系统性风险。这使得从需求侧去看问题、从需求侧去找解决办法的大多数人失去了信心。

对于经济学界来说，这种观察宏观经济长期问题的方法和解决长期持续增长问题所用的措施是不恰当的，本来经济学界是有定论的，可是对于社会各界来说，认识这种方法的偏差有一个过程。2015 年，社会各界在这个问题上基本达成了共识，特别是 2015 年 11 月召开的中央财经领导小组会议上，高层领导人都明确了一点，就是要从供给侧去分析问题的根源，从供给侧采取措施。

供给侧主要也包括三个因素，从长期经济发展趋势来说，经济学界的普遍共识是应该从供给侧的基本因素去分析，从供给方面去看增长，这三个因素如下：第一个因素是投资，就是新增资本；第二个因素是新增劳动力；第三个因素是效率提高。

近年来，因为城市化过程到了后期，一般的技术水平和先进国家的差距大大缩小，不可能用简单的购买和引进的办法来提高技术水平，这方面拉动增长的可能性就逐渐在消失，加上投资已经引起了消极后果的积累，也不能再大量用这个办法保持供给的增长。这种情况下要改善供给方，最重要的是提高效率，着重在第三个供给驱动因素，即效率提高上下功夫，这是非常重大的转变，对它的积极意义怎么估计都不过分。

如何改善供给

那么，怎么能够改善供给？其实改善供给的问题在党和政府的一些决定里，早在 20 年前就已经出现了，这就是第九个五年计划，第九个五年计划规定了要实现增长方式从粗放增长到集约增长的转变。什么是从粗放增长到集约增长的转变呢？当时在普及宣传"九五"计划的时候，其实说了很多，不过后面慢慢人们就忘了。所谓粗放增长就是主要依靠投资实现的增长，主要依靠投入资源实现的增长；所谓集约增长就是主要依靠提高效率实现的增长。在 1995—2000 年的 5 年计划里就要求实现这个转变，用现代的话来说就是供给侧的改善。

为什么"九五"计划就做了规定，到现在已经过去 20 年了又重新提出这个问题呢？因为过去方法上可能不当，可能不够有力。中共中央在1995年做出的制订"九五"计划的建议里说得很清楚，增长方式的转变要跟另外一个转变一起进行，另外一个转变就是体制的转变。所以"九五"计划所规定的转变是两个"根本转变"，第一个根本转变是增长方式从粗放增长到集约增长的转变，第二个转变是经济体制从计划经济到市场经济的转变，而且说得很清楚，第二个转变是第一个转变的基础。

在"九五"计划期间，因为十四届三中全会以后的改革正在进行，所以体制的转变在一定程度上推动了增长方式的转变。但是到了"十五"计划，这两个根本转变都大大减弱了。虽然2003年十六届三中全会决定要推进改革，要改善社会主义、完善社会主义市场经济体制，但是实际上"十五"期间热衷于大投资，进行所谓政绩工程和形象工程的建设，所以增长方式其实是有所退步的，是更加粗放。

到"十一五"又重提要把增长方式的转变作为"十一五"工作的主线，但是这方面进展一直不够快，原因就在于改革推进得不够。政府习惯于遇到经济问题就想办法从需求侧解决，靠投资拉动来解决问题，而且即使注意到供给侧问题往往也采取计划经济的办法来解决，政府出手改变供给结构、改变供给体系。

比较突出的是全球金融危机发生后，发展战略性新兴产业那一拨运动，那是供给侧的改善，使得供给结构有所变化，使战略性新兴产业能够发展起来，提高了整个经济的效率，而用的办法在相当程度上就是政府出手、政府起决定性作用来配置资源，给企业大量补贴发展光伏产业、LED（发光二极管）产业等，而不是用市场的方法解决问题。即使是认定了问题出现在供给侧，要改善供给也有两种不同的办法，在我看来，正确的办法是建立有利于创新创业的制度体系，通过市场化、法治化、国际化的制度体系来推动供给侧的改善、供给体系和供给结构的改善。

所以，改善供给的时候也需要注意，要坚持市场化、法治化改革，要用能够支持激励创新和创业的体制去推动实现结构的改善。

突破变革关口

政府、企业和社会要共同来推动改革，共同实现改变。所谓突破变革关口，就面临着供给侧体系和结构的变革，更重要的是经济体制和法治建设的变革,而这些变革都需要我们共同来做好。政府要像十八届三中全会所说的那样,在它应该做的事情上做得更好,过去政府总是做一些不应该做或者做不好的事情,而它应该做的事情又没有做或者没有做好,要改变这种状况。

譬如要在供给侧鼓励创新,政府最重要的是要建设稳定的宏观经济环境,要建设法治化市场体系,而不是直接去确定攻关目标、确定技术路线、给企业许多补贴,甚至是已经到了竞争后阶段,仍然继续给一些企业补贴,这样会削弱市场竞争。

所有企业都应该是变革的积极参与者。市场化、法治化变革对于某些企业的既得利益是有影响的,但是对于企业长远发展、整个国家健康发展是有好处的。这对企业来说就存在取舍问题,能否支持这样一些可能会损害自己短期利益的改革,是全力支持还是阻挠、阻挡改革的实现?

另外,企业家要做好准备,要适应新的经营环境。过去因为体制不健全,所以就有很多特殊政策或者优惠政策等。但是为了推进实现供给侧转变,使得经济持续稳定向前发展,一定要建立市场化、法治化、国际化的营商环境。这样的营商环境下,或者说十八届三中全会所说的统一、开放、竞争、有序的市场环境下,企业家从事业务活动,并且要把企业办得很成功,不是一件轻松的事情,因为不能再依靠政府的特殊政策、特殊优惠去赚钱,只有靠提高核心竞争力、提高适应消费者需要的能力才能把企业办得成功,这是需要花力气的。

政府、企业和整个社会共同推动,我相信我们能够创造力量,能够突破变革的关口,保证中国经济持续稳定地发展。

第一章
创新驱动新常态

新常态国家的创新体系

吴敬琏　国务院发展研究中心研究员

一个新常态国家的创新体系，要从两方面谈起。第一个方面是当前总的形势，第二个方面是如何面对这种新形势，即建立和完善我们国家的创新体系。

不同时具备这两个特征，新常态就稳不住

先讲第一方面的问题。从 2014 年以来，中国进入了经济发展的新常态。新常态的内容或者特征可以归结为两点：

第一点，中国经济正在从高速增长的状态转向中高速增长，进入下行通道。这个趋势今后可能还要继续，甚至进一步变成中速增长。

第二点，中国经济的发展正在从规模速度型的粗放增长，

转向质量效益型的集约增长。

如果仔细观察这两个特征,可以发现它们的进度存在很大差别。

第一个特征已经是既定事实。从 2014 年以来,GDP(国内生产总值)增长速度下行的趋势已经非常明显,绝大多数人对这一点也有共识。但也有少数经济学家和企业家认为,中国的增长率应该可以更高,之所以没有达到,是因为主观能力不够或者宏观经济政策不好。无论如何,这一特征已经客观存在,不管人的愿望如何,它都是不可逆转的,这一点大家都有共识。但是第二个特征,中国经济发展从规模速度型的粗放发展,转向质量效益型的集约发展,只是我们期望的目标,它并没有成为现实。

如果我们只是实现了第一点,而第二点不能实现,即经济增长原有的驱动力衰减,而效率却没有得到提高,那么至少会引发以下这些问题:首先,原来由于数量扩张而掩盖的各种经济与社会矛盾就都会暴露出来,产生很大影响;其次,经济下行趋势会不断加剧,甚至出现"失速"的现象。就像一架原本飞在半空中的飞机,速度突然大幅度降低,飞机就要出问题。所以,在承认经济下行趋势是由客观因素决定的同时,我们一定要想办法实现第二个特征，只有这两个特征同时具备，才是我们所希望见到的新常态，否则它是稳不住的。

要努力实现我国经济发展方式的转型，就要促进创新、优化结构，总体来说就是要转变经济发展的方式。只有这样，我们才能够克服所谓"三期叠加"造成的各种矛盾。三期叠加中，第一期是增长速度换挡期，速度下降；第二期是结构调整阵痛期，优化原本存在问题的经济结构；第三期是前期刺激政策消化期。

创新不给力，症结在于原本的政府主导

前一段时间我们常常以为，增速下降可以用宏观经济政策（比如刺激政策）拉起来，但现在才发现，根本上还是要依靠效率的提高和发展方式的转型，这也是确立符合我们愿望的新常态的关键。

实现经济增长（或发展）方式转型已经不是一个新提出来的问题，但直到现在也还一直没有完全实现，其中的关键就在于我们能否建立起一个比较好的体制。就我们今天讨论的问题来说，消除体制性障碍，建立一个好的体制，核心就是要建立

并优化改善国家创新体系。改革开放以来，我们的创新越来越活跃，特别是近年来，技术发明像雨后春笋一般出现，特别是跟网络和移动互联网相关的各产业。现在的80后甚至90后对于未来充满希望，技术创新也非常活跃，但是回头看，那些创造发明的产业化状态还很不理想。

问题的症结还是在于，我们的创新体制和政策在相当大程度上还沿袭着过去那一套，其基本特点就是政府主导。政府来决定科学研究"闯关"的方面，然后指定产品的方向、技术路线，接下来组织人力、物力、资源来进行转化。实际上，这样一套办法抑制了创新和创业的积极性、创造性，需要加以改造。

用什么办法来建立新的体系呢？十八届三中全会说了两句话，一是要使市场在资源配置中起决定性作用，二是要更好地发挥政府的作用，这是两个基本原则，应该用于我们建立和完善国家创新体系。这两句话非常简练，但是击中了要害：要建立起一个统一、开放、竞争、有序的市场体系，并由它来配置资源，这样市场就能够在资源配置中起决定性作用。

市场体系统一、开放、竞争、有序的四个特征里，竞争是灵魂。我们现在的市场还缺乏竞争，从技术的创新到本地化、产业化，一直到市场销售和售后服务，都必须要贯彻竞争，才能更彻底地消除违背这些原则的因素。

现在有一些论者就十八届三中全会决议中要"更好地发挥政府的作用"一点做出解释，认为是要继续强化政府的作用。但我认为这是误解——市场管市场的事，政府管政府的事，两者管的事情其实是不一样的。

我们现在从资源配置到科研攻关目标，一直到它的商品化、产业化，政府都在起主导作用，这样在实践中就产生了很多问题。实际上，政府的作用是有限的，我们要牢记一个原则：技术创新的主体一定是企业。因为原始性创新具有很大的不确定性，在经济上不一定能取得成功，只能发动千军万马的企业去闯、去实验，那么即使成功概率很低，但只要参与竞争的个体数量足够多，就一定有一部分能够取得成功。但是政府并没有这个能力，政府无法确定哪一个产业、哪一种技术路线一定能够取得成功。

政府不能像过去那样，什么事都管

从线上到线下，最近很多人都在争论一个问题：新能源汽车到底是混合动力好还是纯电动好？不管真相如何，由主管部门来指定都不太合适，因为政府怎么能够确切地知道哪一个好呢？政府只能顺势而为，最主要的是要建设一个好的环境。政府要更好地发挥作用，就不要像过去那样什么事都管。我们现在实际上花了很多钱，但是效果不是那么好。

2008—2009 年，政府制定了很多发展电动汽车的相关政策，支持的力度也并不低，但效果不能说很好。2012 年的预期目标是达到年产 50 万辆新能源汽车，结果最后才生产了不到 3 万辆。回过头看，因为对创新的支持方式还存在许多旧模式的特点，出现了一些问题，造成了一些浪费，甚至抑制了很多企业（主要是一些小企业）的创造性。具体说来有以下几点。

第一，政府往往指定产业的发展方向和技术路线。

第二，我们有很多产学研组织，用这样的方式来搞合作创新，这种方式从 20 世纪 50 年代就开始了。实际上，产学研组织各自有各自的追求，必须用一套与之相符的体制，才能让它们形成合力。

第三，政府常常做竞争后的补贴，虽然某些研发在竞争前也可以有补贴，但大部分补贴还是放在竞争后。这样就存在很多问题，比如采用一种补供方的办法，加上各地又有地方保护主义，"肥水不流外人田"，结果还是达不到一定的经济规模，就像撒了胡椒面一样。中央和地方政府加起来花了几百亿元，却也没有达到想要的效果。

第四，政府在资金支持方面存在问题。2015年已经有了改进，对于电动汽车产业的资金支持转向了消费者，这两者中间隔了一个市场，保留了竞争关系。但是最近有消息称，一些地方产生了一些变相的方法，设立壁垒不许外地的汽车产品进入。虽然财政部的补贴从补供方转向了补需方，但如果区域市场上只剩下一类产品，没有竞争，那也一样解决不了这个问题。所以我们需要一个全面的改革，资金支持也要采取市场化的方式来运作，比如通过信用担保、风险投资、私募基金等做出商业上的判断，然后去支持那些有竞争力、有希望的企业，而每一个企业也要承担全部责任。这样的办法，也许比给予消费者补贴更加有效。

这些办法需要各级政府来推进，这不是给多少钱的事情，而是要为整个经济体系做些事情。

鼓励创新，政府需要做什么？

总体来说，政府并不是什么事都不做，它还需要提供公共品。

第一，政府要提供好的生活环境、创新环境和经营环境，最重要的就是提供一个统一、开放、竞争、有序的市场体系。

第二，要建立良好的教育系统和基础性的科研系统，因为这两个系统的产品具有很大的外部性，应该是由社会来负责的。我们原本的创新体系里往往把科学和技术放在一起，其实这两者的性质非常不同。对于科学的奖励，应该由社会（包括政府）来承担；而对于技术的奖励，应该主要是由市场来承担。

还有一种情况就是共用技术的开发，用所谓政府和民间的伙伴关系（PPP）的方式来开发共用技术，或是政府牵头组织产业联盟的方式。有两种情况最需要政府提供补贴，一种情况是弥补正外部性，另一种情况就是产业刚刚发展起来的时候，政府应该主要补需方，而不应对生产者或供给者进行补贴。

第三，政府应该在现有发展趋势的基础上，提供一个全局的、长远的信息规划，它应该是引导性的，而不是指向具体领域。我们需要根据这些年发展信息产业支持技术创新所取得的经验和教训，逐步地、系统地建立起国家创新体系的整套制度和政策安排。

只有创新才能更好生存

厉以宁　北京大学光华管理学院名誉院长

没有创意就没有创新

常听到有人说:"发明是科学家的事,创新是企业家的事,创意则来自天才。"我们可以这么想,在技术方面如果没有创意,新产品、生产工艺会怎么样呢?没有创意也就没有创新。在制度方面没有改革的新思路,或者改革到一个阶段之后不知道应该怎么做,没有一个新想法,也就不会有制度创新。创意总是先于创新。任何发明和创新都以创意为突破口。

创新是企业家的事情,管理是非常重要的,而经营的主要任务是指在资本存量可变的情况下让资本增值。这就看出区别了,管理是合理的运用、配置各种资源,资本是可以创造的,财富是不断增加的;创意首先体现于设计思想的超前、领先。

要设计出别人所没有的，甚至想都不敢想的新工艺流程或新产品。从这点出发就不一样了。所以我们需要的是创新、创业。

具有创意的产业，才能占领本产业的制高点，也才能引领本行业发展的新潮流。创意引领发明，引领创新。这就是说：没有创意就没有创新。

而如果没有科学家的努力，创意只会停留于设计阶段，不会转化为发明。如果没有企业家的努力，研究的成果也只会停留于实验室阶段，不可能对经济产生巨大作用并结出丰硕的果实。

企业家的最大功绩在于把创意和发明引入经济，落实于创业行动。

创业就是建立有核心竞争力、拥有知识产权并且能继续开拓市场的市场主体。

经营和管理是两个不同的概念。管理，是在资本存量既定的条件下，如何配置人力、物力、财力，以提高效率。经营，则是以资本存量增加为目标，力求以现有的资本存量去促使资本增值。一个成功的企业家，不仅要擅长管理，更要擅长经营。这才是创新和创业之道。

市场是可以创造的。创造市场，靠的是经营，而不能单依靠管理。管理固然是重要的，但对于一个企业家来说，经营更为重要。资本用活，主要靠经营；资本增值，也主要靠经营。中国企业家中不少人还没有弄懂这个道理。

没有创新就不可能立足于价值链的高端

对企业家来说，盈利率不管怎么说都是重要的，否则会引起投资者的不满，经理人也不能再得到投资者们的信任。

价值链有低端，也有高端。企业唯有立足于价值链的高端，才不至于成为一个单纯的加工者，而让利润大部分归于有创意和创新的其他企业，知识产权归属于他人。如果企业处于价值链的低端，只能获取加工费，盈利率的空间很小。

要让企业的产值增加，利润增多，企业就必须走自主创新之路，拥有自己的知识产权。

立足价值链的高端，也必然会提高本产业的整体质量。这是因为，本产业中的各个市场主体，彼此既是竞争者，又是合作者，或存在配套关系，或相互提供服务。这样，本产业中的企业越是拥有更多的自主创新成果，就越会加快本产业的资产重组，进而使本产业的整体质量提高。这具体反映于：本产业将形成新技术下的产业链，带动新产业链上各个环节的企业升级、转型。

过去谈管理学的时候经常谈西蒙的次优利润，次优是可行的，但是在今天谈到创意和创新的时候我们必须讲最优。现代市场的竞争态势是：最优才有前途，才有出路，次优同样会被排斥，会被淘汰。形势逼人，未来市场是最优者的市场，最优者就是本产业的领跑者。最优跟次优的关系是什么呢？可能是这种关系，对于一个企业内部来说，如果你处处求最优可能是不现实的，成本最低、利润最大，从内部管理角度讲有时候得退而求其次，让可行性更大一点，但是在国际竞争中和市场竞争中必须最优。

最近听到一件事情，讲中国企业到国外去开拓市场，国企走出去人家抵制，不愿意让你进来，民营企业出去，单个企业势单力薄，各个地方都不能取得自己的优势，还受排挤。所以最近企业界就想了一个办法，抱团出去，而且必须是本行业中最优的前三名之一，好几百家企业都是各行各业最优的企业，抱成一个团出去了，别人欢迎都来不及呢。所以，最优还不仅是指个体，最优者要组成一个集团，这对未来的创新是有用的，这样才能立足价值链的高端。

这就告诉我们：在创意、发明、创新的道路上，谁都不能满足于现状，都需要在现有基础上继续前进，不能止步。

没有合适的制度条件，既不可能有突破性创意，也不可能有重大创新

制度条件是不可缺少的。可以从以下五个方面来分析。

第一，要有一个由市场主体投资决定的体制。创新是需要投资的。创新成功以后的扩大生产更需要投资。如果市场主体没有投资的决定权，那么创新就不可能取得实际成效，市场占有率也不可能增加。因此，必须把政府决定改为市场主体决定，这一转变十分重要。

第二，要有一个公平竞争的市场环境。众多市场主体都在进行研究开发，都准备实践新的设计成果。它们应当处在同一个平台上，公平竞争。无论是所有制歧视还是企业规模歧视，都应消除。出发点是相同的，差别是竞赛的结果。

第三，要有一套政府在税收、信贷、奖励方面帮助创新者的优惠政策。政府可以根据自己的发展战略和产业政策，实行轻重缓急的区别对待。政府给予的优惠，同样应排除所有制歧

视和企业规模歧视。任何超国民待遇,都不符合公平竞争原则。

第四,要有一套严格的知识产权保护制度。不仅要有严格的知识产权保护制度,而且要依法执行,使知识产权保护落到实处。否则会使创新落空。

第五,要有一套激励创新者的机制,包括企业内部的产权分享制度。以乔布斯来说,他是个天才,他的组织能力和创新能力都很强,但是不要忘了,乔布斯离不开他所处的制度环境,在我们这个社会中能够出现像乔布斯这样的人吗?这还有待于我们的市场体制进一步完善。而且乔布斯是一个创新领头人,他有一个庞大的创新团队,产权激励和分享把这个庞大团队的积极性全部调动起来了,这对我们来说才是最重要的。

由此可见,对于创新来说,合适的制度条件是关键所在。

经济低潮要反向思考，寻找动力和空间

周其仁　北京大学国家发展研究院教授

过去的高位增长主要靠比较成本优势

中国的经济形势说复杂很复杂，说简单其实也很简单。第六个五年计划的时候，我记得提出的目标是争取5%保住4%。中国要突破4%和5%这个比较低的增长，第一是靠农村，因为只有吃饱饭才可以发展；第二是靠邓小平南方视察之后把民营经济发展起来，这是中国经济冲上来的第二波；第三是靠1997年中国签署的协议，把妨碍中国开放的体制、政治因素适当解决。

中国经济迎来三波改革开放，形成10%左右的高速增长，最重要的是开放。为什么开放对中国这么重要呢？因为开放之前中国很穷，不开放就更穷，一开放发现穷也有竞争力。当时

开放前我们看不到一些东西，因为缺资本、想法和商业模式，一开放，高收入国家、市场经济发展得比较现代的国家的大量资本都会来。它们会来是因为要素越多的地方投资报酬通常低，而资本稀缺的地方投资的收益就高，资本技术一来，加上我们普遍较低的要素成本，中国经济开始发力，谁也想不到中国会成为世界制造工厂。

资本技术的大量引进，成就了中国的制造业。从1979—2008年，30年间我们的平均增长率是9.8%，2011年中国超过日本成为世界第二大经济体，2010年中国成为最大出口国，2013年中国成为最大贸易进出口国。当然更重要的是普遍提升了中国人民的生活水平，无论是哪一阶层，都在这一过程中得到提升。

那么提升靠的是什么？首先劳动力要便宜，但是中国可不是仅仅靠劳动力便宜就获得竞争优势的，因为改革开放前劳动力更便宜，要是不让开发，劳动力便宜是没有用的。我们过去学苏联的体制，制度的成本很高，中国真正的秘密是要素价格低，通过改革开放降低了制度成本，再加上中国人肯学习，这三个元素加到一起成就了中国的优势，这主要是成本优势。

高位增长为什么会下行？

到今天为止，我们所有的高位增长，主要都是靠我们的比较成本优势，这种增长模式成就巨大，每一个中国人都承认这一点。高位增长为什么会下行？美国金融危机2008年开始发生作用，但是都看轻了，一万亿美元的不良资产，市场出问题，政府在左右，而下一个问题就麻烦了，政府说什么就是什么，大量发行债券，出现这些危机，拿什么救？现在看来这个问题还没有好的答案，现在还在熬，看是否可以熬出头。中国是靠出口产品为主促进增长，中国高位增长转向下行的第一个原因是美国经济危机使得中国靠出口驱动的高速增长受到了影响。它们的进口减少我们的出口就减少，2008年危机来的时候少了4万亿元，这个数字是吓人的。中国之前每年出口增长20%，结果那一年掉了20%，这就是经济受影响的原因。

第二个原因是国内的原因，高速增长中中国的成本优势丢得很快。所有价格都在涨，人工、土地等，我们靠成本优势在运转，但是高速增长对成本上涨有很大影响。比我们晚一些开放的国家如印度、越南现在成本比我们低，中国夹在中间了，这是新的情况。

第三个原因是不差钱,因为有很多赚快钱的可能性。过去打拼多少年的实体经济,现在很多都卷进了地产里,这也不好指责,毕竟从经济上考虑房地产赚钱的速度更快。教书的老师在北京买房,房价涨得比工资多,想法会没有变化吗?还有多少人会踏踏实实地干工作、研究技术、研究客户呢?这也是让我们经济下行的一个原因。

第四个原因是真实利率急升,引致"债务型通缩"。现在企业、行业、地方经济不好,因为此一时彼一时,现在想的没有之前想的好,很多人不能面对。市场是多资源配置的,大家在市场环境里面是不稳定的。从2012年开始大家就说"水落石出",成本、利息、产能过剩的压力都凸显出来。钱好赚的时候,大家开销大、手都松得很,现在商场的问题就是很多都脱离了生产率水平,这需要调整,好日子过习惯了,经济下行的日子不好过。

低潮的时候要反向思考

下一步最大的问题,就是不要指望宏观政策会好一点、松一点。错的就是错的,这么多房子怎么消化?肯定是要打折才能消化，原来销售一百万元，现在可能只能卖四五十万元，经过这个环节，正确看待政府、企业合作，走出去就快很多。

我们的成本不完全是市场竞争形成的，这里面还有其他成分，还有一块成本是法定成本。有很多人说劳工成本涨得太快，我查了一下，GDP 涨了 2.6 倍，工资涨了 8.8 倍，税收涨了 16.7 倍，我们的社保涨了 28.7 倍，土地出让金涨了 64 倍，这样我们的地卖得就贵了。现在很多人开始觉得美国有竞争力，美国的电就比我们的便宜，为什么我们的电这么贵？其实很多是体制的问题，经过改革开放，有一些体制成本没有降低，反而在持续增长，所有的费用都在增长，比如审批。现在政府上来就砍审批，这些都是高速增长的时候加进去的，这些也是产业和企业的竞争成本。

所以，经济下行的时候要注意我们心理上的问题，低潮的时候要反向思考。中国的社保收费很高，但是社保水平较低，中国经济发展大多数要靠自己努力，不奋斗，现在就放弃的话，将来后悔也没有办法。这个时候尤其需要反向思考。中国经济现在要注意韧性，企业、行业要非常有韧性，要坚韧不拔，我们再困难还能比 1980 年困难吗？还能比 1990 年的水平差吗？1990 年、1991 年的增长率也是很可怜的，当时邓小平南方视察就是这个原因。

你看到这些东西，一定要对未来有期待，中国多数还是比较好的，想过好日子，从哪里找动力呢？从"一带一路"来看，就国内市场来说，不要被现在过剩的产能吓到，我们有很多产能是不足的。看我们的产品品质，那么多人跑到国外去买东西，中国产品最重要的不是新，而是要把产品品质做好，这样不会没有市场，否则为什么那么多人去国外买东西？像指甲刀、菜刀、马桶盖，这些东西中国不是不会做，而是做得差了一点，如果把这样的变革凝聚起来，中国有的是市场。国内有一亿人口的中产阶层，为什么国内产品满足不了需求，而要大量靠进口、靠出国扫货？现在国内已经有一些先进的厂商在做优质产品了，他们跟日本合作搭了一个平台，而且连锁开门面，像优创良品就是其中一个，好产品、品质好一点的东西有的是市场。另外从服务业看，我们很多方面都不便利，为什么网络这个冲击波这么大？因为它便利。我们对便利性要高度重视，因为便利性提高人的时间成本就降低了，过去什么都可以慢慢来，现在不行。

无论是制造业的品质、服务业提供的便利，市场都非常广阔。2007年到现在，发达国家的份额下降，新兴市场国家的份额上升。这两年新兴市场国家面临的挑战比发达国家大，特别是2015年以来，贸易、经济增长得比发达国家差。底数摆在这里，我们对发达国家出口比较多，我们现在面临开发新市场的问题，我们去开疆拓土、去打开市场的力量还远远不够，所以制造业走出困境，一定要跟市场匹配起来，这方面还有不小的发展空间。

未来的方向是控制成本和创新

现在很大的一块市场是向西，既是我们古代丝绸之路的概念，其实也是面向很多新兴市场国家的，面向我们过去不熟悉的地方，这些国家市场不同，购买力都是现成的。我们还有外汇储备，有的是事情可以做，所以在低潮的时候不能认为从此就怎样了。开拓新市场跟开拓全球其他地区都有可能，我们要开发的不仅仅是巴黎、纽约、伦敦。

我们访问华为很受教，中国的企业如果都有这劲儿，就不会整天等着谁来帮你。天下没有那么多容易的日子好过，全球竞争谁都想过好日子，但是都得打拼。我们常说人口老龄化，但其实我们人力的质量远远没有释放。我跟一些企业家访问团出国考察深受启发，手机现在这么薄，是以色列人的贡献，存储信息量很大，你的手机可以做到那么薄吗？我们一个团的人在那讨论，人家凭什么在世界立足？就是凭人口的质量，像教育、训练、想法、专利。而我们靠什么立足？我们靠人多势众。这一点我们还需要向别的国家学习。我自己常常思考我们的教育问题，我们的教育改革要从教育思维开始，比如以色列最厉害的就是教育，2014年教育占GDP的8%，不仅仅是教育资源投入得多，教育方式也不一样，以色列母亲关心的不是孩子考多少分，而是孩子会问问题吗？从小训练的想法就不一样，现在看来这是最重要的持续增长的生产率，因为不同的想法意味着不同的产品、满足不同的需求，而需求是开发出来的，苹果公司的产品没有开发出来时不会有人想要用，开发出来这些产品才有买家。

所以简单地讲，我们未来的方向就是两个：第一是要让我们的成本优势延长，就是通过改革将法定成本降下来。短期看第一位的问题是先控制成本，企业在这方面大有可为。节约成本、控制成本、保证中国更长久的成本优势方面，我们还有很多事情可以做。第二是要创新，包括像深圳、北京的中关村，开放形成浓厚的创新意识。创新看到效果一定需要时间，不是喊一喊创新就可以，不是一喊创新马上就出现下一个苹果、下一个阿里巴巴。短期看要面对现实，正视经济下行，这是中国经济面对的问题。

中国经济新常态下的企业机会

林毅夫　世界银行前高级副行长兼首席经济学家

我谈三个方面的问题：第一，美国、欧洲等发达国家和地区的新常态与中国有何不同？第二，中国在新常态下经济发展的态势如何？第三，在这种新常态下，中国企业有什么机会？

发达国家和地区的新常态

自2008年全球金融危机开始，以美欧为首的发达国家和地区面临新常态，其特征是低增长、高失业、金融市场风险大、回报率低。

从增长率来看，美国当前GDP增长与金融危机前其长期增长率（3%左右）相比还有较大差距，而且，危机后一般会出现的 7%~8% 的增长反弹尚未出现。欧洲 GDP 增长率也远低于危机前的 3%。日本经济自 1991 年以来持续低迷，即使推行了安倍经济学，目前也未有大的起色。

失业率方面的情况，美国是 6.3%，与危机前相近，但在考虑劳动参与率的变化下，其实际失业率仍然达到 10%。欧洲方面，西班牙和希腊的失业率达到 25% 左右，法国和北欧的失业率也在 10% 以上。日本的失业率也超过 5%，相比过去 1%~2% 的失业率，目前也处在高失业率的阶段。

在低增长、高失业的状态下，金融市场的风险往往会加大。发达国家的社会保障较好，因此在危机阶段政府的救济开支增加，同时由于经济增长缓慢，政府的税收收入增加有限，结果造成政府的财政赤字居高不下。发达国家政府很难通过继续扩大赤字来刺激经济，只能采取宽松的货币政策，通过降低利率刺激投资、鼓励消费、降低政府的举债成本。在低利率的环境下，过剩的流动性往往流向金融市场，造成资产泡沫，美国实体经济尚未恢复，道琼斯指数却从危机前的 13 000 点上涨到现在的 17 000 点就是例子，这增大了金融风险。投资者知道泡沫的存在，任何信息都可能导致股票市场的大涨或大跌，投资风险很大，平均回报率也不高。

以上所提及的情况，很可能在今后很长一段时间内成为发达国家和地区的新常态。之所以会成为新常态，是因为自2008年以来金融危机已经过去多年，发达国家和地区却并没有进行结构性改革，而金融危机往往来源于经济中的结构性缺陷，需要通过改革来修正。发达国家和地区没有进行结构性改革的原因是，推行结构性改革往往意味着降低劳动力的工资和福利、金融机构的去杠杆化和财政赤字的减少。而在短期内这些政策会造成消费、投资及政府支出的下降，使得增长率进一步降低、失业率进一步高企，政治上不可行。

对于目前的发达国家，IMF（国际货币基金组织）过去的药方也不可行。从历史上看，当一个国家或地区出现了金融危机之后，通常IMF会向该国或该地区提供下述援助方案：①通过结构性改革提高竞争力；②通过货币贬值增强出口竞争力，扩大出口和就业，对冲结构性改革造成的经济收缩；③向该国或该地区提供一笔资金用作短期过渡。但是，现在美欧日发达国家同时发生危机，发达国家和地区的出口结构类似，当一国货币贬值时，会出现竞争性贬值，最终每个国家均无法通过货币贬值为结构性改革创造必要空间。

中国在新常态下的经济发展态势

在新常态下,中国经济的增长率相比改革开放以来年均9.8%的增长率将会降低,但到底会多低呢?从2010年第一季度以来,我国经济的增长率节节下滑,不过我认为近期增长率下滑的原因主要是外部性、周期性的,而不是中国崩溃论者所说的中国内部的体制原因。一个证据就是印度、巴西等金砖国家从2010—2013年的经济增速下滑幅度比我国更大,而韩国、新加坡这些没有明显结构性问题的高收入、高表现经济体也经历了类似的下滑。

在新常态下,中国经济能够达到什么样的增长速度呢?一方面,中国还是发展中国家,还有产业升级的空间,城市化率距发达国家还有很大差距,城市内部基础设施、改善环境等方面都需要加大投资,因而存在许多好的投资机会,这是中国和发达国家最大的不同之处。另一方面,中国具备充足的投资能力。储蓄率高达50%,政府负债占GDP比重低于50%,外汇储备高达4万亿美元。这是中国和其他发展中国家最大的不同之处,其他发展中国家虽然也具有很多投资机会,但要么财政上负债累累,要么民间储蓄不足,要么缺少必要的外汇。在外需不足的情况下，中国有可能通过启动内需使得经济增长率达到7.5%左右的目标。

从历史经验来看，自2008年开始，中国靠和发达国家产业、技术差距的后发优势还拥有20年每年8%的增长潜力，但是增长潜力的实现需要一系列条件，包括投资的产业符合比较优势，有足够的投资资源，以及在有效的市场前提下，政府在产业升级中发挥积极有为的作用。在未来一段时间内，由于国外的新常态，外需相对较弱，因此中国经济能够实现的增长率应该比8%低。我认为2015年和"十三五"期间增长率在比较合适的区间内，就业状况仍会比较好，而金融风险也是可控的。

新常态下中国企业的机会

新常态下中国的经济还会以中高速增长，企业的机会很多，我主要谈以下两方面：一是海外并购的机会；二是劳动力密集型产业向海外尤其是非洲转移的机会。

首先，我国目前的人均GDP仅6 800美元，和美欧日发达国家人均GDP 4万~5万美元相比，我国的制造业和他们的制造业相比，在技术水平和附加价值上还有很大差距。由于新常态，这些国家许多制造业企业经营状况不好，因此可以针对那些我国现在大量从发达国家进口的产品，通过海外并购把发达国家先进的技术、产业引进来，在国内生产，满足国内不断扩大的市场需求，并逐渐转为出口。这样的并购可以利用后发优势加快我国的产业升级，不会造成重复投资和增加现有产业的过剩产能。

其次，随着我国经济的增长，工资水平也在提高，到 2020 年城乡居民人均收入在 2010 年的基础上翻一番，一般工人每月的工资可能达到 1 000~1 200 美元，我国大量的劳动密集型加工产业需要升级到微笑曲线的两端，把加工环节转移到工资水平更低的国家和地区。这与日本在 20 世纪 60 年代，亚洲四小龙在 20 世纪 80 年代的历史经验是一致的。但由于中国劳动密集型产业的体量巨大，有 1.5 亿左右的工人，越南、缅甸、孟加拉等东南亚国家都无法承接，因此当我国有些劳动力密集型加工业开始往那些国家转移时，他们的工资也和我国一样上涨很快。只有非洲国家和我国改革开放初期相似，有 10 亿人口，有大量剩余的年轻劳动力，目前工资处于全球最低水平，有足够大的劳动力资源承接我国劳动力密集型加工业的大量转移，而不会马上面临工资上涨的压力。并且，等到非洲国家的工资水平也上涨了，全球将很难找到低工资水平的地方。所以，非洲国家不仅是我国当前劳动力密集型加工产业转移的最佳地区，也将是全球劳动力密集型产业转移的最后一站。中国企业向非洲国家转移也会面临对当地的政治、法律、文化、经济情况不了解的挑战。

中国经济中长期发展趋势与改革战略

刘世锦　国务院发展研究中心原副主任

中国的改革开放取得了举世瞩目的成就。从1978—2013年，中国31个省、自治区、直辖市的GDP年均增速远高于世界其他140多个经济体。中国GDP总额所占世界比重已超过10%，中国已经成为世界第一大贸易国与制造品生产国。民生方面，百姓收入水平大幅改善，约7亿人脱贫。

中国30多年的发展成就大大超出了西方学者的预期，包含了一些传统发展理论未能解释的重要因素。这些因素包括以下几个方面：发展导向是全党全民共识；政策有较强的连续性、稳定性，并且适时调整；执政党有独特的执行能力；实行业绩优先的精英选拔机制；调动地方积极性并增进区域间竞争；国内市场一体化；始终如一的对外开放；通过"摸着石头过河"试错择优的改革方式；巨大的市场以及多层次需求的逐步释放。

中国的经验证明，通向现代化的道路是多元的，"照搬照抄"从来不会成功。任何一个国家，发展道路一定具有独特性。中国不仅应在发展成就上对人类有所贡献，而且有可能在发展模式、发展道路上也有贡献。需要认真研究总结中国发展的成功经验，并将其理论化、制度化。

"十三五"是经济转型的关键期

中国正处于经济增长阶段的转换期。经济增速适度回落是正常现象，体现了经济增长的规律，说明中国已顺利度过工业化高速增长阶段。国务院发展研究中心在2010年做过一项关于成功追赶型经济体的历史经验的研究，发现20世纪以来，除美国、英国等处于全球技术和增长前沿的国家外，其他成功跨入高收入行列的国家，大都经历了一个为期20年或更长时间的高速增长期。高速增长期结束后，增长率明显下降，并转入一个速度较低的增长平台。这种增长率下台阶的现象在德国、日本、韩国、中国台湾等经济体表现得较为典型。经济增长率通常在人均 GDP 达到 11 000 国际元①左右下台阶，从高速增长阶段过渡到中速增长阶段，增长率下降幅度约 30%~40%，有的达到 50% 左右。如果我国的经济增长路径与成功追赶型经济体历史经验接近的话，当时预计我国经济潜在增长率有很大可能在 2015 年前后下一个台阶，时间窗口的分布是 2013—2017 年。开始这一观点在社会上缺少共识，但近年来的情况表明这已经成为正在发生的现实。

从国际上看，今后一些年中国如能保持 6%~7% 的增长，仍然是相当高的速度，所以称其为"中高速增长"。由于增长的基数持续增大，即使增长速度降低，每年 GDP 的新增量依然很大。在中高速增长速度下，中国仍然可以如期实现 2020 年全面建成小康社会的目标，届时中国经济总量将位居首位，人均收入进入高收入国家行列。

尽管增长速度有所回落，但从反映结构调整和经济增长质量的指标看，形势总体上还是不错的，有些进展是突破性的，有长期意义的。比如第三产业的比重超过第二产业，消费的比重超过投资，经济更多依靠内需拉动。同时，中国经济运行的

---

① 国际元英文名为 Geary-Khamis Dollar，是多边购买力平价比较中将不同国家货币转换为统一货币的方法。

质量有所提高。这体现在经济增长对就业的吸纳能力不断提升，企业盈余水平有所提高，财政收入保持一定增幅，居民可支配收入稳定增长等方面。目前金融财政风险有所加大，但仍在总体可控范围之内。资源环境的可持续性仍面临很大挑战，但在有些方面有所改善。因此，中国经济转型正在取得重要进展，对形势应有乐观积极的判断。

中高速增长的"底在何处"，现在还没有探明。或者说，中高速增长的均衡点还没有找到。从高速增长到中高速增长的转换需要面临三只"靴子"落地。第一只"靴子"是基础设施投资，第二只"靴子"是出口，第三只"靴子"是房地产投资。等第三只"靴子"落地后，中高速增长的"底"或均衡点会基本探明。希望中国经济能够在今后一两年内完成增长阶段的转换，探明中高速增长的"底"，并进入一个新的稳定增长的轨道或状态，即"经济增长的新常态"。"十三五"将是新常态形成并得以稳固的关键时期。

发掘和启动中国经济的新增长点

中国经济的新增长点体现在以下几个方面。第一是基础设施投资。这方面仍有较大潜力,如高铁、地铁、中西部地区的交通设施等。问题是如何在防控风险、提高效率的基础上促进投资增长。第二是城镇化。未来 20~30 年内,中国的城镇化率应该还有 20 个百分点以上的增长空间,涉及两亿多人。现有城镇常住人口中,仍有近 20 个百分点的非户籍人口。有研究认为,这部分人群解决户籍问题后,其消费将会增长 30% 左右。第三是产业升级。2010 年,中国工业增加值率是 23%,而日本是 31.4%,美国是 38.5%。如果中国通过产业升级达到与日、美相同的水平,就有 30%~70% 的提升空间。第四是消费升级。收入倍增规划的实施将有助于提升消费比重。城市中等收入群体(中产阶级)是拉动消费增长的主要力量,预计这一群体的比重到 2020 年将达到 45%。第五是更大程度、更高质量地融入全球分工体系。具体做法可以是改进贸易和投资活动,提高在全球价值链中的位置,并在某些领域形成新的竞争优势。第六是促进创新。中国在不少领域已经表现出巨大的创新潜能。除了技术创新外,商业模式创新也不容低估。因此,中国经济增长的潜力依然可观,中国经济"崩溃"或"衰退"论是没有依据的。

增长阶段转换期面临的主要挑战

由高速增长向中高速增长的转换，表面上看是增长速度的放缓，背后也是经济结构的重大调整和体制政策环境的深刻变革。从中国的现实情况看，在这一转换过程中将会遇到三方面的挑战。

第一，如何有效把控和化解转换过程中的财政金融风险。高增长时期，巨大的需求增长空间有助于化解或推后风险；而当高增长势头难以延续，原来可以化解、推后的风险就会显露。几乎所有的发达经济体在经历了"黄金增长期"后都出现了不同类型的金融危机，例如美国的大萧条、日本的泡沫经济、韩国的金融危机等。中国目前比较突出的是流动性风险、房地产泡沫、地方债务风险和产能过剩问题。这四类风险通过影子银行、土地、地方融资平台、国企等渠道，相互交织、相互传导，形成一个风险传递的循环。风险释放与增长模式转型存在内在联系。中国是被动应对危机还是主动改革就决定了中国能否避免大的金融危机。

第二，如何有效提升非贸易部门的效率。与发达经济体相比，后起经济体在全要素生产率方面的差距更多地表现在以服务业为主的非贸易部门。由于缺少来自国际市场的竞争压力以及利益集团的制约，日本等发达经济体非贸易部门的效率较低。中国这个问题更为突出，尤其是基础产业的低效率制约着整体效率的提升。服务业的产值比重上升部分是由于价格上涨，而非效率提升。中国应当重点发展高生产率的生产性服务业。

第三，如何拓展新增长领域并促进创新。新增长领域既可能由于潜在需求被挖掘而催生，如教育、医疗、文化、体育等领域的新增长点；也可能由于新技术出现而触发，如网上购物、光伏发电等；还可能由应对既有问题、寻求新增长模式而带动，如节能、节水、清洁能源、减排等绿色产业。中国可以通过竞争形成一批创新型行业龙头大企业和大量的创新型中小企业。为此应当加快要素市场建设，促进创新基础设施的建设和开放，鼓励创新要素依据市场需求流动和适度集聚，形成一批具有强大创新能力的城市或区域。大学教育和研究体系是创新的基础。应当鼓励自由探索的环境和机制，汇集全球一流人才并研究一流问题。加强基础研究、应用研究和产业化应用之间的相互融合，更多地通过市场竞争和需求导向的办法配置政府研发资源。

中国搭上科技革命列车头等车厢

姚洋　北京大学国家发展研究院院长

中国处于转型的时代，进入了新常态。新常态不仅仅是指经济增长速度的下降，更重要的是结构的变化。从2001—2008年这段时间，中国的经济增长是超高速的，是人类历史上少有的。这样一种超高速的经济增长不可能长期持续。中国已经是世界第一大出口国，如果我们的出口增长速度还超过世界平均水平，那就一定意味着有些国家的出口在萎缩。所以中国的出口增长速度能维持世界平均水平就已经非常不错了。这是一个很大的转变。

第二个转变是，无论是制造业占总就业的比重，还是制造业占GDP的比重都在下降，而服务业的比重在上升。制造业的市场是全球的，需求来自外部，但是服务业不一样，需求要靠我们自己创造，是内生的，所以增长就变得非常困难。

上述两个转变是中国经济今天遇到困难的深层次原因。除此之外，当然还有一些短期的原因，比如过剩问题。前一阶段上了很多项目，盖了很多房子，到了今天都面临过剩问题，处于痛苦的调整期。

日韩经验显示中国经济前途光明

国际上的经济学家对于中国经济的看法都是比较悲观的。比如萨默斯，他做过美国财政部部长、世界银行首席经济学家、哈佛大学校长以及奥巴马总统主要的经济顾问。他认为整个世界进入了一个长期低速增长的时期，在10年之内中国的经济增长会跌到3%~4%。

我认为上述判断过于悲观。和中国大陆可比的是日本、韩国还有中国台湾。我们今天所达到的经济发展程度和日本在20世纪60年代末、中国台湾和韩国在20世纪80年代几乎是一样的。我们和他们具有一些共同的特征，比如高储蓄、高投资、教育水平非常高、科研投入非常高。从他们的历史来看中国大陆未来的走向是有意义的。这么看的话，我们会有很大的信心。日本在20世纪70年代的经济增长速度超过7%，日本产品开始统治世界。有人可能说日本赶上了好时候，实际上20世纪70年代和现在差不多，面临石油危机、债务危机，美国经济也非常困难。在此期间日本经济之所以能保持高速增长，就是因为创新，过去的积累得到了爆发。韩国本来应该在20世纪90年代爆发，但是由于亚洲金融危机而推后了。今天的韩国接近于日本在20世纪七八十年代的水平。韩国能做到这点也是靠创新。比如韩国三星从20世纪70年代末就开始搞芯片，投入海量资金，如今统治了全世界。

未来世界还会保持高速增长，只不过要经历10年左右痛苦的调整期。就像20世纪70年代危机之后有10年的调整期，到了20世纪90年代新经济出现，美国开始了十几年高速增长。

中国在下一轮工业革命中处于有利位置

我们不知道下一轮工业革命会在哪里出现，但是看到一些非常好的苗头。比如中国实现了最长距离的量子通信，一旦成功，它会是一个革命性的产品。另外一个革命性的产品是石墨烯。石墨烯导电性极其好，容量极其大，不仅会使电子行业发生革命性的变化，也会使电池行业发生革命性的变化。现在电动车唯一的问题是电池太重，充电太慢，续航能力太低。如果石墨烯实现应用，这些问题都解决了，电动车就会主导未来。中国在这两方面都走在世界的前列，前途还是光明的。

现在都说工资提高，成本增加。其实工资的提高是正常的。如果工资水平不提高，那还叫什么经济增长？在提高工资的过程中，唯一的出路就是技术进步。

中国在技术进步和创新方面有很好的基础。一方面，我们的教育水平非常高，每年有大量的大学生和研究生毕业。不要以为700万大学生、几十万研究生没有用，他们是有用的。只要有10%的人参与创新就已经足够了。另一方面，我们的资本存量极其多，M2（广义货币）现在达到130万亿元。为了把纸面上的财富变成实际的财富，一是搞固定资产投资，这方面已经开始饱和了；二是投资到创新上面，投资到人才上面，这样才能把我们过去积累的财富变成未来有收入流的资产。在这方面，我觉得中国应该有信心。

中国科研投入正在赶超发达国家。科研投入占GDP的比重在"十二五"初期只有1.7%，2015年是"十二五"结束之年，达到2.2%，"十三五"估计超过2.5%，也就是发达国家的水平。到那个时候，我们的人均收入按照可比价格计算大概也只会是发达国家的四分之一左右，但是我们的科研投入已经达到发达国家的水平。这说明我们的科研投入是非常多的。有人会说很多科研投入都浪费掉了，这种现象的确存在，但美国的科研投入也有很大的浪费。很多科学家估计，在未来的5~10年，中国有可能有人会获得诺贝尔科学奖，特别是物理方面极有可能获奖，原因就是这些年科研投入增加了。此外，在科研投入里面，企业投入已经超过了国家投入，这是一个非常好的现象。企业投入是市场导向的，是中国未来的希望。

市场化改革已经势不可当

很多外国人对中国的改革开放抱有怀疑的态度。他们认为政治上限制很多，经济改革难以推进。我认为市场化改革已经势不可当。

改革无非是做两件事，一件是破，一件是立。过去30多年间，中国的改革历程都是破的过程。破的阻力来自三个方面。第一个是思想方面。很多官员还没有转变观念，他们需要认识到，市场和社会其实可以做很多事情。过去老说一收就死、一放就乱，实际上放开后一点都不会乱。第二个是权力方面。如果权力都放给市场，很多官员可能没事可做。第三个是既得利益方面。很多人在旧体制中有很大的利益，不想变革。好在我们有习近平总书记这样一个有担当、有责任、敢行动的领导，中国的改革有希望。这是在战略层面上的分析。

具体到实施层面上，最好的办法还是以开放促改革。在这方面有两件事值得大家关注。一件是自贸区的扩容，一件是中国和美国正在谈的双边投资保护协定。自贸区要做的是金融开放和服务业开放。投资保护协定在名义上是保护本国在对方国家投资的协定，但对中国而言是关于全面改革的一个协定。它要求我们开放市场，所有的企业都必须一律同等对待，包括民营企业，此外还有环境保护、劳工保护等方面的规定，每一条对中国都是革命性的。现在谈判是比较顺利的，估计2016年年底之前一定会签。这意味着我们到2016年年底的时候，会有一个大的改革开放。

另外改革还要立，首先要立产权。我们对民营资本的保护远远不够，对知识产权的保护远远不够。比如根据现在的知识产权法，大学老师在实验室里做出的成果属于学校，不能把知识产权转移出去。实际上可以采取更灵活的做法，使得产学研真正结合。美国也有同样的法律，但是有一些灵活度，老师的科研成果可以拿出去办一个企业，但企业的收益要在学校和老师之间分配。我的母校威斯康星大学周围产生了很多新兴的生物医药公司，带动了就业。

总结一下，在未来十几年，可能会有一个科技革命，现在是科技革命的前夜。中国一定能搭上这趟科技革命的列车，而且可能会坐在头等车厢里。

中国经济新增长点怎么"发光"?

李稻葵　清华大学中国与世界经济研究中心主任

中国经济有增长潜力,中国经济是周期性的下降。我们可以把眼光放得远一点,观察中国经济未来五六年或者 10 年后到底哪些方面是新增长点。我认为至少有三个新增长点。

中国经济的三个新增长点

第一个增长点是基础设施建设。中国老百姓至少城里的老百姓缺的是公共设施。比如北京市民家里电视机尺寸平均比英国伦敦家庭的要大,住房面积恐怕也不比伦敦差,家里的整洁程度肯定比美国、英国都要好,进门要脱鞋,装修很漂亮,但是差的就是出门环境很糟,空气污染、堵车,遇到刮风下雨路上就有大麻烦。很多地方的基础设施质量很差,一地震房子就垮了。2013年中国每百人移动电话拥有量是88%，美国是93%。但是每百人的宽带拥有量，中国只有13%，美日欧是33%，这是数量级的差距。宽带是公共产品，手机是私人产品。

据IMF的数据，2010年中国人均基础设施拥有量仅仅是西欧的38%，是北美地区的23%，是日本、韩国的18%。根据这个数字，我做了一个测算，假设花20年时间让人均基础设施拥有量赶上西欧，未来5年我们平均每年可以拉动GDP 1.5%；如果我们要赶上北美，每年拉动GDP 3.1%；如果赶上日、韩，每年可以拉动GDP 3.9%。这个数字目前的确是一个缺口。

第二个增长点是产能更新。我们都知道柴静的纪录片火了一把，柴静不是搞研究的，从炼钢到炒菜都算空气污染那怎么行。我认为应该用宏观的角度看经济，宏观的因素是复杂的，1加1不等于2，从宏观看问题和微观看是不一样的。APEC（亚太经济合作组织）会议期间，北京周边的工厂先停产半个月，开会期间北京车辆实行了单双号限行，这时候出现了"APEC蓝天"。这个宏观实验告诉我们，治理空气污染，还是抓周边炼钢、炼铁等重化工业管用。2015年春节期间，尽管北京几乎成了空城，开车的人很少，到处畅通无阻，但除夕和大年初一还是出现了严重雾霾。为什么呢？就是因为周边的工厂没有停产，这就是宏观的例子。

泰国的曼谷堵车比北京还严重,他们的排放标准比咱们低,但是泰国到处是蓝天白云,主要是因为泰国没有重工业,都是装配业。我问泰国人:你们只给别人装配汽车和摩托车,不建立自己的品牌,不进行自主创新能行吗?泰国人说,给人家搞装配有什么不好的,干吗非要搞什么自主创新?不管怎么讲,这三个宏观的例子告诉我们,北京的大气污染主要是由周边的重化工业带来的。在北京周边有3亿吨的钢铁生产,怎么办?应该给他们政策,搞置换,把破钢铁厂炸掉,引导投资,用德国克房伯的技术,去建世界上最先进的沿海钢铁厂,建得比曹妃甸还要好,污水是零排放,自我循环的各种空气指标比城里还好,降尘量是城里正常降尘量的一半。如果我们一年转一亿吨的生产能力,按曹妃甸的投资规模至少要8 000亿元人民币固定资产投资,这相当于2015年高铁的开工量。现在是10亿吨的生产能力,至少要5年时间把一半转移出来。但是这件事政府不要干,政府不能直接投资,政府只干一件事,就是狠抓狠罚那些污染企业,让它们没有办法生产。同时给河北省政策,在河北沿海深水港建钢铁厂,这是新增长点。

我再讲一个例子,发电。作为负面典型,有一个产业被骂得很凶，就是光伏产业。政府前两年支持光伏产业，现在光伏生产能力过剩，无锡尚德太阳能电力公司都破产了。但是有一点大家没有看到，今天的光伏产业已经非常成熟，已经是一条产业链了。我反复求证，问了很多人，现在在内蒙古有很多地方，沙漠上已经建成了大面积的光伏发电厂，而且可以上网。上网之后电价足够高，以至于这种投资年回报率达到 8%。现在的瓶颈是内蒙古不愿意把地放开，沙漠一旦能发电就值钱了，就要坐地要价了。不管怎么说，这个产业成熟了，光伏发电比风能发电还好，白天用电量高时它发电，晚上没有阳光了，人们都睡觉了它也不发电了，跟我们作息是一致的。

在博鳌开会时，我问比尔·盖茨：怎么看未来的能源？他说能源没问题，能源很便宜，比如风能，到处都有，但是它并不可靠，我们需要的是可靠的能源，而可靠的能源价格是很贵的。光能就是一个比较可靠的能源，需要大力发展，又是一个新增长点。

第三个增长点是消费，经济结构调整的第一个征兆，就是消费开始往上走了。根据我们的分析，再过四五年，消费占 GDP 的比重应该能够达到 50% 左右，这就很好了，那时候消费就成为我们的增长动力了。

我觉得，很多研究经济学的同行偏于悲观，他们不太愿意讲新增长点。我反复讲这件事，可能不光因为经济学理念不同，还有一点不同，就是他们不是学工程出身的，不关注工程的事，他们看的总是发展不好的产业。我更愿意看朝气蓬勃往上走的产业，愿意看到新技术能取代旧技术。我的观点是一定要看到发展的一面，一定要看到沉舟侧畔千帆过，向前看，向远处看。经济增长就是旧产业不断被淘汰，新产业不断涌现的过程。

中国经济新增长点怎么造？

我认为要做三件事。第一要改革投融资体制，这是当务之急。当下基础设施建设的的确确是一个增长点，问题是我们没有找到一个为基础设施建设投资的融资方式。我们现在是各个地方政府自己成立一个投资公司，由政府拿地给投资公司抵押去银行借钱。银行借的都是 3 年、5 年短期的钱，有的时候甚至更短，而且利息很高。我们的国民储蓄率是美国的 3 倍，可是我们的贷款利率也非常高，动辄在 6% 以上，而美国有 3%、4% 就了不起了。我们的银行大都是中短期贷款，用中短期贷款给那些二三十年的长期项目，就等于是自杀，非常荒唐，这就是融资成本高的基本原因。当务之急就是要改革投融资体制，要学习世界银行的基本办法，成立一系列长期投资建设基金。这个基金首先由政府拿一笔钱做担保，用这个担保向市场发长期债。一旦有政府担保，利率低了，债务利率就能降下来。国家开发银行是4%、5%的利率，然后到各个地方进行客观评估，不让地方政府自己说了算。哪个项目好，就给哪个项目投资，项目不行就不投。这种长期债务要公开，资本市场投资者不断监督这些投资基金的运行模式。

第二是正向激励。对地方官员不能只抓反腐，抓反腐很重要，除了这个以外，还要讲正向激励，谁做得好就要奖励谁。到了年底，凡是做得好的，比如地级书记给县级书记可以发奖金，不要越级发，得客观评价。政府不能没有激励，也不能光靠提拔干部来激励。有研究组织行为学的人说，我们还需要正向激励，要加入正向激励的力度。

第三是环保升级。要给环保部一点自己的基金，环保部认为靠谱的项目，可以自己来补贴。环保部不仅要有牙齿，还要有钱包。如果环保部只抓违规的话，就变成了人人恨的高级城管了，如果把环境保护部转变为环境保护与发展部，把环保跟发展放在一起就厉害了。否则环保永远搞不好，永远不受欢迎。

总结一下就是：第一，经济结构已经向好，对这一点我的看法坚定不移，主要是市场力量在起作用，应精心呵护。第二，经济长期增长潜力仍然较高，不要被当前的短期下降模糊了视线。第三，经济短期增速下降具有明显周期因素，既有国际因素，也有房地产因素，还有一些必要的短期干部素质调整、党的建设的因素。第四，短期内重点领域必须加快改革，催生新增长点，用新增长点应对当前周期性下滑的因素，让动力能够尽快转换。

第二章
供给侧改革(上)

继续推进工业化,创新是关键

厉以宁　北京大学光华管理学院名誉院长

2015年,国家统计局第三季度公报中透露了一个信息,就是第三产业产值已经占到了 GDP 的 51%。从人类发展来讲,第一个阶段是农业社会,以第一产业为主,然后进入工业化阶段,工业化阶段主要是第二产业逐渐发展,占最重要的地位,接下来是后工业化时期,后工业化时期如果第三产业的产值达到 GDP 的一半,就证明这个时代转向了,在发达国家一般第三产业的产值都是占 GDP 的 60%~70%。在后工业化阶段,当第二产业的产值占到 GDP 一半以上,达到 60%、70% 的时候,高增长是不可能的事情。在那些国家能够有 3% 的增长率,他们就觉得很不错了,超过 3% 就很不得了了。

应该看到,第三产业产值突破了 GDP 的 50%,这是一个开始。而在中国有另外一个大问题摆在了我们面前——我们的工业化并未完成。工业化完成的主要标志是什么呢？根据很多经济学家的讨论，是高端的成套装备的制造业居世界领先地位，我们离实现这个条件还有一定距离。别说高端的，就是一般的成套装备的制造业，我们也还没有居世界领先位置。举个例子，经常能看到建设新工厂的信息，但是首先遇到的问题是，到哪里去买设备。人们考虑的都是到德国、日本、美国或者意大利去买设备，很少听说人们去北京、天津、上海、广州、哈尔滨买设备，因为虽然中国的成套设备制造有一定成就，但是很多方面还是落后于世界水平的。所以，我们在实现第三产业产值占 GDP 一半以上时，绝对不要放弃继续工业化，我们要实现工业化目标。

工业化目标的实现关键在于创新，创新是一个浪潮，为了创新我们要继续发展第三产业。这需要有不断的消费力来支撑。消费包括两个因素，第一个因素是城乡居民购买力，第二个因素是要有购买、消费的意愿，没有消费意愿怎么行？所以这里面涉及我们怎么起变化，怎么在第三产业扩大消费。

四句话建言企业发展

不久前我在河北考察，被很多企业家围住，让我给他们讲几句话，勉励勉励。我讲了下面四句话：

第一句话，让产品更个性化。今天的消费者跟过去的消费者是不一样的，不缺东西，而是需要符合自己个性的产品。不相信的话，每个人回家看看，把家里的箱子打开、柜子打开，里面装的衣服都是新衣服或者只穿过几次的衣服，为什么就不穿了呢？因为它式样过时了，它布料不够好，还有其他的种种原因。新产品要符合个性化要求，然而我们现在的产品还做不到。所以大商场里看的人多，实际上买的人少，为什么？因为我们的产品离个性化还有距离。

第二句话，让服务更人性化。现在跟过去不一样了，第三产业占主要位置，服务业就不能跟过去一样了。坐在板凳上等人家来是不行的，得有更加人性化的服务来吸引人。假如都跟过去一样，第三产业产值怎么能有进一步提高呢？

第三句话，把品牌知名度在国外打响。中国产品现在主要问题是品牌不行，中国品牌协会的同志告诉我，他们在来中国采购商品的外商当中发了问卷调查，调查要求他们列出几个熟悉的中国制造业品牌，结果收回问卷调查一看，写的基本上是一个品牌——茅台酒。怎么会是茅台酒？因为茅台酒广告做得好，历史悠久，他们尝过茅台酒，而其他品牌很少，这就表明我们缺少品牌。品牌是靠创新来维持的,但是我们这方面比较欠缺。

第四句话,把消费者留在国内。我们现在初步估计,对外旅游这几年方兴未艾,现在国外旅游大概是1万亿元人民币的开销,在国外购买商品大概也是1万亿元人民币的开销。为什么到国外消费呢?有两个理由,第一,没假货,而在中国买个外国品牌产品可能是水货。第二,商品价格比在国内买外国品牌商品要便宜,为什么便宜?因为我们的关税太重。所以要把消费者留在国内,自己一定要有品牌。另外,进口国外的商品应该降低关税。我们知道,在国外消费增加的税收是国外的税收,增加的就业是国外的就业,而进口外国商品后,消费者在国内购买,就能同时增加中国的就业与中国的税收。

将以上四句话连起来,就是我们要让产品更个性化,让服务更人性化,把品牌知名度在国外打响,把消费者留在国内,这样我们的经济就可以上去。

将宏观经济调控政策纳入规范化轨道

在这个过程中我们特别要提到,一定要将宏观经济调控政策纳入规范化轨道,我们现在还是要走市场经济道路。中共十八届三中全会已经确定了市场调节在资源配置中的作用是决定性作用,所以宏观经济调控也必须规范,真正规范的宏观经济调控是两个方面的调控,一个是对需求端的调控,另一个是对供给端的调控。

两个调控是有区别的,需求端的调控主要是刺激总需求或者抑制总需求,无论是刺激还是抑制,都要通过财政政策、信贷政策,也就是货币政策来解决。而供给端的调控就不是这样,需求调控在国民经济管理中被认为是短期或者近期调控,因为它见效快。而供给端调控被认为是中期调控,因为它涉及发展方式的转变、部门结构的调整,还包括技术水平的提高,这跟需求调控是不一样的。现在两个方面的调控要并重,我们过去只强调了以需求调控为主。需求调控转到供给方面的调控,其中会碰到一系列难题,需要加大改革的速度和力度。大家都知道,发展方式的转变说起来容易,真正做起来并不容易,为什么呢?因为发展方式的转变涉及关停并转,这样就容易产生问题,关停并转会导致工人下岗失业。

在推进混合所有制经济的时候我们要注意,这次在国有企业当中,包括竞争性行业推行混合所有制经济,国家不设比例,只有某些专门行业需要国家控股。不设比例就存在一个问题,这是很重要的，就是为了维持国有企业的稳定不裁员。因为20世纪90年代国企裁员，实行买断工龄，之后留下许多后遗症，下岗工人都在埋怨，而且工人年龄都四五十岁了，四五十岁再找工作很难。改革问题由下岗员工来承担，这是不合理的。所以这次不裁员，要随着以后经济的发展来吸收他们上岗，增加收入。这个方针是对的，这就是供给端的改革。

供给端的改革重点是短板行业要加大投资，我们靠什么来竞争？靠短板行业来竞争。短板行业如果不加强投资，怎么创新？创新的问题还要进一步来研究，创新成功了给企业减税，可是企业最大的困难在哪里？在于实验过程中谁来给予企业帮助，因为实验成功前是没有减税的。所以，应该在实验的过程中、失败的过程中不断给予创新企业一些帮助，这对中国来说也是一个从供给端发力的主要方面。供给端发力跟需求端发力是相互拉动、相互影响的。为什么相互影响呢？因为要扩大需求就需要用财政政策跟信贷政策，供给的增加又要通过产业结构、区域结构、部门结构的调整等来实现，这些都需要投资。

而利润率的供给是不一样的，需求端政策的调整见效快，供给端的调整见效慢，它是中期的调整任务，所以一定要注意双方的互动问题。有什么办法能够加强互动？两个措施最重要。

第一，不能用过去的那种大水漫灌的方式，应该抓紧定向调控。定向调控最近很有成绩，比如扶贫，现在的扶贫跟过去不一样，现在的扶贫是一种定向扶贫，这叫滴灌，看准了滴水，而不是大水漫灌，这就见效了。再比如，定向调控对供给端也是一样的，支持什么行业，不支持什么行业，哪些行业可以多给贷款，哪些行业不给贷款，决策的水平要提高。

第二，为了使长期、中长期结构调整到位，我们必须要培养人才，供给调控可以起作用，但供给调控和需求调控不一样，需求调控是近期调控。在现有基础上，供给调控遇到三个不足。第一是资本不足，因为供给调控要建立新工厂、高铁、高速公路、港口等，需要大量资金，涉及如何筹集的问题。第二是公共设施不足，物流、资源开发、土地利用等都很紧张，这里的问题是怎样把资源供给问题解决好。第三是熟练工人、技术人才、专业人才不足，这是没法短期来完成的。

新的人口红利正在产生

贵州毕节有一项工作做得很好。毕节有一所普通大学，叫作毕节学院，前两年北大光华管理学院还对口帮助过他们，教师轮流到那里讲一次课。现在已经没有这所学校了。改建了，房子比以前更大了，改为贵州综合工程学院，专门培养技师，而且跟企业合办，为企业定向培养人才，所以学校 90% 以上的毕业生都没有找工作的困难，这就是培养熟练人才。

云南楚雄是职业教育学校的基地，大量培养专门人才，向沿海输送，这是中国一个新时代的开始。认为中国的人力资源已经枯竭，是不符合实际的。而应该是中国旧的人口红利正在减少，因为劳动力素质是低下的，同时新的人口红利正在产生，大量职业教育、职工培训兴起了，还有创业者的大量出现。这就给了我们一个希望，即新的人口红利会在中国源源不断地出现。

陕西汉中有一个县叫西乡县，西乡县靠近汉江，是平原丘陵地带，汉江水流入丹江口，丹江口将其输送到北京、天津使用。为了保证丹江口水库的干净，汉江流域所有的工厂该迁的迁、该停的停、该关的关。另外，农民种地不能使用化肥，不能打农药，因为要保护汉江水。那么，扶贫怎么办？农民收入怎么保证？我到西乡县考察，很有感触。那里已经不再种粮食了，所有沿江、沿海丘陵地带一律种茶树，那里有很有名的茶，叫富硒茶，茶叶不使用化肥、农药，而且茶叶需要劳动力——采茶工、筛选工、炒茶工、包装人员、营销人员。所以，西乡县到湖北去打工的农民听说家乡需要劳动力，他们都回去做茶叶工人了，他们也都在不断学习。我们在南方的省考察时，看到农民都在学习，并积极要求办农业职业学校、农业职业培训班，这个情况是过去没有的。

我在丹麦考察过，丹麦的农业技术学校规模很大，而且学生源源不断，农场主在这里培养第二代，将来第二代要接班，必须懂农业技术、懂管理。中国农村现在正在这么搞，因为田总是要有人种的。土地确权以后到位了，农民可以不种田，可以开作坊、做生意去。那田谁来种？在浙江省我们考察的结果是安徽人来种。到苏中，就是扬州，我的家乡那里去看，农民都去做各种工作了，包括搓背、搓澡、修脚等，那他们的田谁来种？苏北来的农民种。所以说都需要学技术，这对我们来说是很重要的。

从以上这些我们可以看得很清楚，"病来如山倒，病去如抽丝"。中国今天遇到的问题不是一朝一夕形成的，是由于最近10年之内发展方式未变，一味追求GDP的数量扩张性增长出现的结果。现在想要病情好转，就要明白病去如抽丝，得慢慢改，不能性急，只要能比过去向前走一步、推动一步就好。结构调整是缓慢的,技术创新也不能性急,人才的培养更是长期过程。所以可以说,2016年中国经济可能还是在困难中前进,但势头会比2015年要好一点儿。什么时候能够完成,这要看我们整个"十三五"规划能贯彻到什么程度。

正确理解供给侧结构性改革

李佐军　国务院发展研究中心资环所副所长

国家主席习近平在中央财经领导小组第十一次会议上强调，在适度扩大总需求的同时，着力加强供给侧结构性改革。"供给侧结构性改革"已成为热词，这是好事。

供给、需求、价格乃经济学最重要的概念，现代经济学理论大厦就建立在这些概念的基础上。需求是指有支付能力的需求，总需求由消费、投资和净出口"三驾马车"组成。供给是指生产者在某一时期某价格水平上愿意并且能够提供的商品或劳务，总供给可近似用总量生产函数来表示，由要素投入和全要素生产率共同决定。

所谓供给侧结构性改革是指从供给侧入手，针对结构性问题而推进的改革。

供给侧包含两个基本方面：一方面，生产要素投入，如劳动投入、资本投入、土地等资源投入、企业家才能投入、政府管理投入，分别对应收入法计算的 GDP 中的工资、利息、地租、利润、税收；另一方面，全要素生产率提高，由制度变革、结构优化（如工业化、城镇化、区域经济一体化等）、要素升级（即生产要素质的提升，与生产要素量的投入增加不同，包括技术进步、知识增长、人力资本提升等，创新驱动即是解决这些问题）"三大发动机"决定，其中制度变革又是根源性发动机。

隐含在其中还有三个重要的供给侧因素：一是主体发展，包含劳动力或创业者、企业和企业家、投资者、政府管理者等主体素质的提高，以及其积极性和创造性的发挥；二是产业发展，含产业结构优化、产业升级、新兴产业成长等；三是区域发展，包含区域创新、区域结构优化、区域新增长点的形成等。

结构性问题主要包括产业结构问题、消费结构问题、区域结构问题、要素投入结构问题、排放结构问题、增长动力结构问题、收入分配结构问题等。

从供给侧入手、针对结构性问题而推进的改革几乎包括所有重要的改革，如行政管理制度改革、产权制度改革、土地制度改革、国企改革、财税制度改革、金融制度改革、价格制度改革、社会福利制度改革、生态制度改革等。可以说，从"需求侧"转向"供给侧"相当于从"政府调控侧"转向"全面改革侧"。

理解供给侧结构性改革要避免几个误区和偏颇：

一是简单用西方供给学派的观点来理解中国的供给侧结构性改革。西方供给学派主要强调减税、放松管制、反过度福利等，这确实也是中国供给侧结构性改革的重要内容，但中国体制特殊，供给侧结构性改革绝不限于此，内容要丰富得多。

二是将供给侧与需求侧对立起来。以为转向供给侧就不要需求侧了，其实供给侧与需求侧是一个硬币的两面，或一只手的手心和手背，缺一不可，而且二者要尽可能对称和平衡，经济才能健康可持续发展。过去多年来我们过于强调从需求侧进行政府调控，以实现经济高速增长，现在强调供给侧是对其进行修正，但过于偏向供给侧而忽视了需求侧，同样是一种偏颇。

二是将供给侧结构性改革简单理解为增加商品或劳务供给。在产能过剩形势下，单纯增加商品或劳务供给只会带来进一步的产能过剩。推进供给侧结构性改革的主要意图是，通过针对结构性问题的改革，一方面淘汰落后产能，化解产能过剩问题；另一方面推进产业转型升级，培育新兴产业和新的经济增长点。

四是将供给侧的生产要素与效率提升因素平行放在一起。

如有的学者将供给侧因素理解为包括人口或劳动力、资本、土地、技术、创新、制度等。其实，生产要素投入量的增加与生产要素质的提升是不同的，影响全要素生产率的制度变革、结构优化、要素升级"三大发动机"与一般性要素投入也不是一个层面的问题。推进供给侧结构性改革就是要抓住制度改革这个"牛鼻子"，同时通过结构优化和要素升级，来推进生产要素的优化配置，以提高全要素生产率，促进经济健康可持续发展。

推进供给侧结构性改革的实质，是正确处理好政府与市场的关系，发挥好市场在资源配置中的决定性作用，同时更好地发挥政府的作用。过去，我们过多地通过政府的需求管理政策，特别是政府投资政策和货币金融政策，从需求侧"三驾马车"来拉动经济增长，"有形之手"伸得过长。今后，我们要更加强调供求平衡，在适度扩大总需求的同时，强化供给侧结构性改革，特别是要更多地发挥好企业和个人的作用，充分调动其积极性和创造性，将政府的主要职责定位于制定好法律、法规、标准和政策，为企业和社会提供良好的制度和政策环境。

当前，推进供给侧结构性改革要重点解决好以下几个问题：一是通过改革加快培育各种创新主体，如创业者、创新型企业、创新型地区或园区、科研院所和高等院校、创新型政府等；二是通过改革（如保障产权、减税、简政放权、放开价格等）激发各主体的积极性和创造性；三是通过改革痛下决心以可控方式和节奏主动释放风险，打破刚性兑付，退出僵尸企业，淘汰落后产业，培育有市场竞争力的新产业和新产品；四是通过改革促进技术进步、人力资本提升、知识增长等要素升级。

新供给发力：重塑中国经济增长红利

张茉楠　中国国际经济交流中心副研究员

当前，世界经济仍处于国际金融危机后的深度调整期，中国也处在新旧产业和发展动能交替的关键期。在历史转折阶段，一方面，要对传统增长动力进一步挖掘，通过模式重构、结构调整、路径优化、产业升级改革"存量经济"；另一方面，要加快培育新兴增长力量，发展"增量经济"，释放"新经济"增长动力。因此，以"新供给"替代"老供给"势在必行。

"老供给"动力不足，旧常态模式难以为继

中国经济正处在动力切换、结构转变、阶段更替和风险缓释的关键时期，保持7%左右的中高速增长，意味着我国要比成熟市场经济国家2%~3%的增速高出约4~5个百分点。在原有增

长机制和主导产业衰退的同时，需要培育出影响面广、潜力大的新主导产业，将潜在的供给需求优势转化为现实的增长动力。

传统要素增长红利放缓

过去30多年，中国经济表现出"高增长、高投入、高消耗、低效益、低成本"等显著特征。2000—2013年，全球经济GDP平均增速为3.68%，同期中国经济年均增速为10.6%，几乎是全球平均增速的3倍。2014年，中国GDP总量达到10万亿美元左右。然而，近年来随着要素从低生产率部门向高生产率部门转移的空间逐步缩小，技术追赶和要素转移的步伐相应放慢，数量型扩张的经济模式已经难以支撑如此庞大的经济体量实现高速增长，特别是随着人口红利减少、生产要素成本上升、资源配置效率和要素供给效率下降，中国也面临着跨越"中等收入陷阱"的瓶颈。

一是"高投入"难持续。以资本投入为例，中国35年来保持较高的资本形成率，特别是2000年以后，资本形成率呈现快速上升势头，由1978年的38.2%上升至2013年49.3%，提高了11.1个百分点，几乎是世界平均水平的两倍。

二是"高消耗"难持续。随着中国经济规模日益扩大，现有的经济合作模式所面临的资源与环境压力越来越大。目前来看,中国单位 GDP 能耗尽管有所下降,但依然为高收入国家的 1.8 倍,中等收入国家的 1.2 倍,世界平均水平的 1.5 倍。

三是"低效益"难持续。增量资本产出比显著提高,投资效率严重降低,投资对经济增长的贡献有下降的内在要求。虽然通过加快投资可以提高经济增长速度,但也可能带来投资效率的大幅度下降。根据测算,2005 年,每新增一个单位 GDP,需要增加投资 2.4 元,2008 年提升至 2.9 元,2009 年进一步攀升至 3.6 元,2014 年新增资本产出比已经上升到 4.3 元的较高水平。

四是"低成本"难持续。中国劳动年龄人口已经进入下降阶段,劳动力数量对经济增长的贡献将进一步下降甚至负增长。按照国家统计局统计,2012 年中国 15~59 岁的劳动年龄人口是 93 727 万人,比 2011 年年末减少 345 万人,2013 年进一步减少 227 万人。根据人力模型预测,"十三五"期间劳动年龄人口还将平均每年减少 200 万人左右。

近年来,影响中国劳动生产率的因素已发生了明显变化。根据世界银行经济学家的估算,全要素生产率对提高劳动生产率的贡献率,从 1978—1994 年的 46.9%,大幅度降低到

2005—2009年的31.8%,并预计将进一步降低为2010—2015年的28.0%。与此同时,劳动生产率提高更多地依靠投资增长所导致的资本劳动比的升高。在上述三个时期,资本劳动比提高对劳动生产率的贡献率,从45.3%提高到64.7%,并预计提高到65.9%。单纯依靠物质资本的投资作为供给方面的经济增长源泉,显然是不可持续的。

传统"三驾马车"增长动力放缓

从宏观经济角度分析,总需求由消费需求、资本形成需求、净出口三大部分构成,资本形成需求一般也称为投资需求。2012年以来,传统三大需求均呈下行走势。数据显示,2012—2014年,投资增速回落4.9个百分点,消费增速回落2.4个百分点。净出口对GDP增长的负拉动更是延续了几年。2009年负拉动4.1个百分点,2010年负拉动1.4个百分点,2011年负拉动0.8个百分点,2013年负拉动0.2个百分点,2014年小幅负拉动0.1个百分点。现实需求"疲弱"掩盖着巨大的潜在需求无法实现的现实,实际上反映的是经济供需结构不匹配的深层次矛盾,其背后实质是有效供给能力不足和经济结构调整滞后的问题。

首先,从影响消费需求增长的因素看,除了收入分配、消费模式等因素影响个人消费需求增长之外,在我国总供给结构中,长期以来依靠政府提供的各类公共产品一直处于短缺状态。同时,消费市场环境有待改善,社会保障等制度类公共产品与服务有效供给明显不足。此外,目前中国缺乏一套合理的资源税体系和国企红利分配制度,诸如石油、天然气、煤炭等资源收益和国企利润可以由企业支配,导致企业未分配利润越积越多等,这些因素都在不同程度上制约了可持续消费的增长。

其次,从影响净出口需求增长的因素看,近几年,发达国家欲借"再工业化"重夺国际贸易竞争主导权,一些发展中国家和地区以比中国更低的成本优势,成为接纳国际制造业转移的新阵地,对中国出口形成"前堵后追"之势,净出口对中国经济增长的拉动作用明显减弱。此外,TPP+TTIP+PSA(多边服务协议)正在改变全球贸易格局和秩序。

当前,国际产业竞争与合作的态势正在发生重大变化。美欧主导的跨太平洋伙伴关系协定(TPP)、跨大西洋贸易与投资伙伴协议(TTIP)和国际服务贸易协定(TISA)重构全球贸易规则,除传统贸易救济之外,贸易保护主义以国家援助、政府采购等形式隐蔽出现,对中国出口形成新挑战。目前,TPP已经达成协议,势必对中国经济产生深远影响。

最后，从影响资本形成需求增长因素看，受制于供给端因素约束，消费需求与出口需求疲弱，直接引致资本形成需求疲弱，特别是引致对市场极为敏感的民间投资增速出现显著下降。进一步分析，投资品的有效供给能力不足也是投资需求疲弱的重要原因。

目前，我国机械装备制造业增加值占工业增加值的比重仅为发达国家的一半左右，成套设备、精密机床、高档发电机等高端产品50%以上都需要进口，国内机电产品、高新技术产品60%以上都是外资企业生产的，许多关键设备、核心技术都掌握在外资手中。一些中间产品、重要原材料国内也没有形成有效供给能力，固定资产更新改造需求由于缺少相应的技术设备和原材料难以满足，资本形成需求面临着供给方面的硬性制约。而低技术水平基础上形成的投资只会造成更为严重的产能过剩问题。

因此，中国经济比以往任何时候都需要通过创新来提升国家竞争力，摆脱陷入"中等收入陷阱"的风险。中国经济从原来的"旧常态"向"新常态"过渡转型，着眼于保持中高速增长和迈向中高端水平的"双中高"目标，推动供给侧改革势在必行。

"新供给"发力,重塑中国经济增长红利

在传统要素红利和"三驾马车"动力减弱的新常态下,我们需要从供给侧寻找中国经济增长动力源和动力转换问题。事实上,中国新旧供给结构仍处于失衡状态,新供给不足,老供给过剩。十八届三中全会提出的让一切知识、劳动、资本、资源等创新财富的源泉充分涌流,让改革的成果更多地惠及全体人民,其发展的新思路就是要从供给侧挖掘增长和改革潜力。

一方面,提升资本总存量、人均资本存量存在较大空间。从资本总存量、人均资本存量维度来看,中国仍远远落后于发达国家,资本积累仍有空间,仍需要通过投资提升资本存量。

当前,中国技术创新的"追赶窗口"正趋收敛。全球各国展开战略创新竞赛。金融危机之后,主要经济体围绕新一代互联网、生物技术、新能源、高端制造等七大战略新兴产业展开了新一轮增长竞赛,纷纷推出各自的创新增长战略。全球制造业升级而不是回归。不论欧美发达经济体还是印度等新兴经济体,全球制造业正在向高端、高科技的更高层级迈进。特别是随着全球智能网络继续快速发展,超级计算、虚拟现实、网络制造、网络增值服务等产业快速兴起,中国战略新兴产业也出

现了类似于传统产业那样的技术差距和技术鸿沟。为此，需要推动我国制造业开展广泛的、持续的技术升级改造投资。同时，大幅提升制造业的研发投资强度，改变我国在国际分工中的不利地位。

另一方面，加大人力资本投资。必须通过改变投资领域、方式和主体，将之引导到有利于人力资本积累的动态调整路径上去，以人为本地设计总体政策框架。在资源布局上，必须树立人才资源是第一资源的观念，把人力资源建设作为经济社会发展的根本动力，避免陷入低收入—低教育投入—低可行能力—低收入的"恶性循环"。注重发展有利于增加就业含量和开发利用人力资源的经济产业和生产服务领域。在要素投入上，注重通过人力资源的充分开发利用来促进经济增长；在目标导向上，把经济持续健康发展的过程变成促进就业持续扩大的过程，把经济结构调整的过程变成对就业拉动能力不断提高的过程。

一是通过深化教育改革提高劳动生产率，保持和延伸中国产业的竞争优势。改变忽视基础教育、职业教育和专科教育，偏重高学历教育的失衡现状，进行大规模的农民工培训和素质提高工作，并注重人力资源的充分开发利用，以适应未来产业升级与经济结构调整的需要,即经济增长与就业匹配之外,还要实现劳动力升级与转型匹配。二是通过健全良好的人力资本投资机制,在市场经济条件下,根据市场经济运作中的"投资主体与收益主体的一致性和排他性规则",构建人力资本投资与回报的合理机制。三是通过社会、养老等保障制度安排创造新的储蓄源泉,并通过劳动力市场制度安排,扩大人口老龄化时期的劳动力资源和人力资本存量。

培育中国"新经济"及其政策着力点

"十三五"时期正处于关键历史机遇期,也是动力切换、结构转变与经济社会发展转型的重要时间节点,必须下大力气挖掘培育一批"新经济"的动力群,更加重视供给侧调整,提升产业核心竞争力,不断提高中国全要素生产率。

加快构建开放型经济及其政策着力点

支撑我国实施新一轮全面对外开放大战略,构建开放型经济新体制,在角色定位上,必须树立"大开放观",实现从被动向主动转变、从外围向中心转变、从参与者向引领者转变、从大国向强国转变的"四个转变",全面构筑中国全球竞争新优势。

（1）以构筑全球自由贸易网络为重点的自贸区战略。面对美国等发达经济体的"规则优势",中国必须加快自由贸易区谈判的步伐,在货物贸易、服务贸易、投资等领域,适当提高自由化标准,倒逼中国的市场壁垒,破除体制机制障碍,以开放竞争带动经济结构升级。

第一,中国应以开放的心态和迎接机遇的眼光看待TPP发展。加快推进中日韩FTA（自由贸易协定）、"10+3"和"10+6",以及RCEP（区域全面经济伙伴关系协定）框架的建成,确保东亚区域经济一体化合作的稳步推进,加强同美国、欧盟、日本、韩国等世界主要经济体的双边经济合作。

第二,以高标准为目标倒逼国内经济改革,完善要素市场体系,提高要素的配置效率,提高环保能源资源标准,保护劳动权益和知识产权,缩小贫富差距,扩大国内消费能力,打破国企垄断,开放市场竞争。加快全球更高的自由贸易和自由投资的标准在上海等自贸试验区先行先试,甚至可以待国内自贸区成熟后,在适当的时机加入TPP。

第三,围绕TPP和RCEP形成一个"伞形协定"。可在关税减让、服务业开放、知识产权规则等方面设定介于 TPP 和 RCEP 之间的中间标准水平，进而在此基础上形成亚太自贸区（FTAPP）。

第四，积极推进"一带一路"沿线国家的自贸区网络，逐步形成以"周边为基础加快实施自由贸易区战略"和"面向全球的高标准自贸区网络"，推进亚欧经济一体化进程。

（2）全面深化"走出去"战略，实现从 GDP 到 GNP（国民生产总值）的新跨越。随着 2014 年我国首次成为"净资本输出国"，GDP 或 GNI（国民总收入）已不足以真实反映国民财富能力，应更注重 GNP 指标。经过 30 多年的改革开放，我国积累的对外金融资产达 5 万多亿美元，而对外直接投资存量只有 8 800 多亿美元。深化"走出去"战略，带动资源配置的全球化拓展，将要素禀赋优势升级形成对外投资新优势。通过资本输出带动我国全球贸易布局、投资布局、生产布局的重新调整，进而推进国际产业链和产能合作能够创造出巨大的增长空间。

（3）把"服务贸易"作为实施贸易强国战略的突破口。2014 年服务贸易进出口总额 6 043.4 亿美元，同比增长 12.6%，但我国服务贸易"大而不强"。加入世界贸易组织以来，我国服务贸易进出口额增长了 6.5 倍，但从规模或比重看，我国还不是一个服务贸易强国。同时，我国服务贸易的比较竞争优势主要集中在资源、劳动力密集型传统行业，在知识、技术密集型行业处于明显的竞争劣势地位，服务贸易结构严重失衡，也导致我国成为全球服务进出口逆差最大的国家之一。就国际竞争力而言，我国服务贸易竞争力指数远低于美欧等服务贸易出口大国。

应把大力发展服务贸易，提高服务贸易比重，增强"中国服务"国际影响力，作为"十三五"重大任务。把 2020 年服务贸易占贸易总量比重提高到 20%，作为"十三五"对外开放的重要目标。推动服务贸易自由化和便利化，扩大服务贸易规模，着力推进服务业管理体制的改革，扩大准入，实现国内企业与国外企业平等竞争与合作，促进我国服务业竞争力的增强。要牢牢把握服务外包的机遇，进一步完善政策体系，以培养服务外包龙头企业为重点，以服务外包基地城市为依托，改善基础条件，大力发展知识密集型的服务外包。加快扩大双边和区域服务贸易协定，打破一些国家对中国服务贸易的壁垒。

培育"双创"经济及其政策着力点

2008 年国际金融危机以来，世界经济正处于新的结构转型期，创新已成为世界主要国家的核心战略。近年来，主要国家提出科技战略的频率之快、层次之高前所未有。主要发达国家创新战略出现重大调整。新兴经济体国家，如韩国、俄罗斯、印度、巴西等都纷纷提出了本国的创新发展战略。

在新一轮国际竞争的大背景下，中国新一届政府也把"双创经济"（"大众创业、万众创新"）视为中国经济转型发展的新动能和新引擎。新常态下，传统经济发展模式所依靠的比较优势大大降低，要获得新的发展动能，关键在于放开市场准入，充分释放民智民力。

一是构建产学研合作体系整合创新资源。目前，企业自主创新能力薄弱，面临着"需求与能力相矛盾"的尴尬，大学和科研院所虽集聚了大量科技资源和人才，但产学研之间基于利益驱动的自愿协同创新尚未广泛成型，衔接配合不顺畅。因此，建立共享基础设施，加快技术转移的激励体制机制，防止人为设定技术壁垒和行业垄断，推动产学研合作，有助于在全社会范围内实现资源优化配置。

二是围绕产业链部署创新链条。围绕战略性新兴产业集聚科技资源，对战略性新兴产业上下游的核心、关键以及共性技术进行攻关，通过创新链驱动，突破一批关键技术，使战略性新兴产业实现跨越式发展。以创新链为引导，增强传统优势产业的自主创新能力，推动拥有核心技术和关键技术的传统企业集聚优势资源加速发展，着力打造一批具有知识产权核心竞争力的企业，形成一批具有国际影响力的知识产权密集型产业，从而带动整体产业转型升级。

三是全力打造创新创业的生态环境。进一步简政放权，通过设立投资负面清单、政府权责清单和监管清单的方式明确政府和市场权限，为创新创业创造法治环境、改善监管环境、扫除体制机制障碍。同时，在创客空间、创新工厂等孵化模式基础上，大力发展市场化、专业化、集成化、网络化的"众创空间"，实现创新与创业、线上与线下、孵化与投资相结合，为小微创新企业成长和个人创业提供低成本、便利化、全要素的开放公共服务平台，大力释放经济增长活力。

四是建设支持创新创业的投融资体系。发挥政府创投引导基金和财税政策作用，推进风险资本基金、成长贷款基金、创新基金，实施研发种子资本计划，建立科技创新银行，发行科技债券，加快新三板等多层次资本市场建设。可设立国家创新保险基金，不仅可以解除融资抵押的约束，避免借贷抵押对中小创新者产生的挤出效应，既有利于大型研发投入，也有利于中小创新项目对资金的需求,全社会的创新效率将因此得到提高。

五是加快融入全球创新网络。创新资源全球化配置趋势日益明显,技术在全球流动转移日益活跃。在创新全球化的大趋势下,中国必须积极构建跨国技术转移平台,帮助企业链接全球资源和市场,加快融入全球创新网络,构筑从国家创新系统到全球创新系统的政策支持体系。

培育信息经济及其政策着力点

一是信息和数据存量、增量巨大。中国是全球互联网用户、移动互联网用户最多的国家,拥有庞大的数据生产和数据消费主体。全国 4G(第四代移动通信技术)用户数超过了 2.5 亿户,移动互联网的用户数达 9.37 亿户。根据 IDC(国际数据公司)发布的报告,中国 2013 年的 ICT(信息和通信技术)开支为 1 790 亿美元,超过了日本的 1 730 亿美元,成为全球第二大 ICT 市场。美国仍然是全球最大的 ICT 市场,其规模是中国市场的 3 倍。

二是信息经济增长速度和体量规模可观。工信部电信研究院近日发布的《2015 中国信息经济研究报告》显示,2014 年,我国信息经济规模同比名义增长 21.1%。信息经济对 GDP 增长的贡献达到 58.4%，接近甚至超越了某些发达国家的水平。根据工信部电信研究院的测算，同期美国、日本、英国信息经济对 GDP 的贡献率分别为 69.4%、42.2%、44.2%。2014 年，我国信息消费的规模是 2.2 万亿元，同比增长 28%，带动 GDP 增长 0.64 个百分点。按照发展趋势看，2015 年信息消费的增长速度将超过 GDP 增速的 3 倍以上，信息消费已经成为推动我国经济增长的重要动力和新亮点。

三是信息经济与产业融合发展将释放出巨大能量。信息经济与产业融合将形成下一代制造业形态、下一代贸易形态、下一代物流形态，对传统经济体系和发展模式进行全面、系统重构。埃森哲的报告显示，产业物联网将尤其推动成熟市场的经济增长。到 2030 年，产业物联网的资本投资及其带来的生产率提升将为美国累积贡献 GDP 6.1 万亿美元。中国将有望从产业物联网中实现更显著的经济效益。如能落实支持产业物联网发展的各项措施，到 2030 年，中国累积 GDP 将增加 1.8 万亿美元，相应 GDP 较常规预测水平提高 1.3%。

培育服务经济及其政策着力点

我国正处于调整经济结构和转变发展方式的关键时期，服务业是关联度极广、渗透性极强、社会效应极大的综合性产业门类。当前，中国已进入服务业高速发展的轨道。近些年来，传统制造业产业链不断扩展和延长，其覆盖范围逐渐从加工制造领域延伸到了服务领域，制造和服务之间的界限越来越模糊，制造和服务逐渐相互融合，全球生产经营活动日益被纳入到全球生产服务体系。服务在企业产值和利润中的比重越来越高，全球产业结构呈现出"工业型经济"向"服务型经济"转型的新趋势。

从未来的政策着力点看：一是大幅提升生产服务性要素的供给能力。由于我国生产性服务产业发展相对滞后，必须通过外部进口先进的生产者服务来满足国内不断上升的高端生产性服务要素需求，增强信息、研发、设计、物流等生产性服务产业国际竞争力。二是大幅提升服务消费的比重，促进消费升级。从物质消费向服务消费升级。三是大幅增加对服务类公共产品投资。建立服务业投资主体多元化机制。通过PPP（公私合作模式）等形式，鼓励支持社会资本进入教育、医疗、健康、文化、信息等领域的社会投资。四是加大对内对外开放力度，着力打破服务业领域垄断。破除服务业的行政垄断，推动监管制度创新，加快公共资源配置市场化改革。

培育价值链经济及其政策着力点

（1）加大向战略新兴产业和先进制造业投资，促进价值链全面升级。我国制造业的过剩产能主要集中在中低端环节，而高端制造业产品则供应不足突出，装备制造、船舶、汽车、钢铁、建材、石化等九大主体制造业均是如此，这就构成未来的巨大投资空间和增长空间。

首先，把制造业发展重点逐步转向高端制造业和战略新兴产业。与美国等发达国家相比，我国高端产业投资力度有很大的扩张空间，必须高度重视高端装备制造业及战略新兴产业发展，加大智能制造装备、海洋工程装备、先进轨道交通装备、机器人、新能源汽车等产业投资力度。

其次，推动我国制造业开展广泛的、持续的技术升级改造投资。我国制造业投资过去几十年以扩张产能为主，技术改造和技术升级属于薄弱环节，如2012年，我国36.5万亿元的固定资产投资中，新建项目达到25万亿元，技术改造额度仅为5.2万亿元，技术改造和新建项目比值从1995年的40%，下降至2005年的25%，2012年进一步下降至20%。这就意味着我国未来基于技术改造和技术升级的投资需求会非常巨大，投资增长仍存潜力。

再次，大幅提升我国制造业创新研发投资强度。2013 年，我国制造业研发强度为 0.88%，"十二五"规划的目标值为期末达到 1.5%，而美国制造业研发强度为 3.35%，差距显著。中国关键产业的研发强度明显低于领先国家，美国制药产业为 24.5%，电子计算机、通信、电子设备产业为 14%~19%，交通运输业（除汽车）为 11.5%；而中国相应的研发强度分别为 1.63%、1.51%、2.18%，未来必须下大力气彻底改变我国在全球价值链和国际分工中的不利位置。

（2）重视培育本土跨国公司，增强对全球价值链参与度和控制力。经济全球化的本质是跨国公司的全球化，要提升对全球资源和经济的控制力，获取更大的贸易利益，就必须培育一批在全球范围内有一定竞争力的本土跨国公司。支持企业最大限度地吸收和利用全球高级生产要素，发展和延长国内价值链。政府除了财税、金融、贸易便利化政策支持之外，应在全球主要出口市场设立相应的贸易促进机构，为企业搭建国际贸易网络提供综合性服务平台和境外贸易合作区建设。

（3）着力增强零部件以及装备制造业，增强自主研发和创新能力。中国是全球最大的中间品进口大国之一。在最大限度促进零部件进口技术溢出的基础上，政府应该制定政策引导国内企业加强零部件产品的自主创新能力，一方面，提升我国本土企业的零部件生产质量和工艺，走出我国核心零部件过分依赖国外的困境，突破"为出口而进口"的被动贸易模式；另一方面，促进产业内分工发展，通过"强基工程"，以"中国制造2025"为核心和重点，全面提升中国全球价值链水平。

培育绿色经济及其政策着力点

2015年5月，我国首次以中共中央、国务院名义印发了《关于加快推进生态文明建设的意见》，这是就生态文明建设做出全面专题部署的第一个文件，是对中共十八大及中央全会顶层设计和总体部署的时间表和路线图的落实，也意味着大力发展生态经济作为一项重大国策上升到国家战略层面。

制度变革令三大发动机释放新红利

李佐军　国务院发展研究中心资环所副所长

"三大发动机"之一：制度变革释放经济红利的逻辑何在

促进经济发展有四组基本动力：需求边动力（投资、消费、出口）、要素投入动力（劳动力、资本等）、全要素生产率提高动力（制度变革、结构优化、要素升级等）、中国特色动力（以增长为导向的价格制度、财税制度、金融制度、土地制度和政府管理制度等）。其中的制度变革就是改革，它是提高全要素生产率的主要途径，结构优化和要素升级也依赖于制度变革或改革。

制度变革（或改革，下面用改革表示）促进经济发展的另一种流行说法是"释放红利"。2012年11月21日，李克强总理提出，改革开放是我国发展的最大"红利"，自此"改革红利"

成为热词。红利本是上市公司在完成弥补以前亏损、提取公积金和公益金、支付股息后按持股比例向股东分配的剩余利润，但现在红利一词已被推广了，有人口红利、改革红利、开放红利、资源红利等多种说法。"改革红利"可理解为通过制度变革带来的全民效用的增加。

改革释放红利已在中国改革开放以来的实践中得到验证。1979—2012年，中国GDP年均增长9.8%，远高于世界同期年均2.8%的增速，经济增速和持续时间也超过了经济起飞期的日本和亚洲"四小龙"，其原因何在？尽管我们可以找到很多原因，但改革无疑是其中最重要的原因，否则就无法解释为何改革开放前后经济增长速度有那么大的差异，也无法解释为何中国取得了较其他改革较少国家或改革失败国家更大的经济发展效果。

改革为什么能释放红利？对此我们可以做如下分析。

鉴于目前社会对改革也存在争议，本文的改革是指能带来"正面效用"（含效率和公平等）的改革，那种假改革之名推行的不利于改进效率和公平的"伪改革"不在讨论范围之列。回到红利的原始本义，改革释放红利的核心含义应是改革带来全民（或绝大多数人）效用的增加。之所以用效用而非效益一词，是因为效用包括经济效益和非经济效益,更能反映改革目的的全面性,有的改革不能带来经济效益,但能带来非经济效益,如公平效益和环境效益等。

从基本的理论逻辑来看,改革之所以能释放红利,是因为:

一方面,改革可以降低多种成本。在总效用不变的情况下,降低成本就是直接提高效用的途径。制度改革最重要的功能是降低交易成本。广义的交易成本是指除生产成本之外的所有成本(含运输成本、营销成本、信息成本、组织运行成本、学习成本等),而不限于市场摩擦成本。科斯以前的经济学只看到了生产成本,科斯提出交易成本概念后,打开了科学研究制度的窗口。

为什么改革开放前的计划经济体制效率较低?因为其交易成本很高。改革开放以来逐步形成的社会主义市场经济体制,之所以取得了连续30多年10%左右的高速经济增长,是因为它大大降低了交易成本。

尽管改革了30多年,但目前中国的体制和制度仍然不完善,所以十八届三中全会提出要推进全面改革,进一步释放改革红利。如目前正在大力推进的行政管理制度改革、审批制度改革、工商登记制度改革等,就可以大大降低企业的交易成本,激发市场的活力，释放巨大的改革红利。

另一方面，改革可以创造新的效用。改革可以通过革除旧的制度而建立新的制度，通过合理、公平配置各个主体之间的责权利关系，保障产权、自由选择权、平等交易权和公平分配权等，激发各个主体的积极性和创造性，提高生产要素效率和资源配置效率，创造新的生产和消费空间，带来新的效用。

提高效用或效益的根本途径是提高效率，而提高效率的途径有两种：一种是提高生产要素效率，如提高劳动生产率、资金运用效率、土地生产率、资源利用效率等；另一种是提高资源配置效率，即将有限的资源配置到较高效的地区、产业、企业、项目和劳动者上，工业化、产业转型升级、城镇化和区域经济一体化等就是优化配置资源的途径和过程。

生产函数中的"全要素生产率"应包括上述两种效率，而不仅仅是所有生产要素的效率。而通过制度改革建立现代法治市场经济体制、建设全国统一市场，一方面可以提高生产要素效率，另一方面可以提高资源配置效率，由此释放出巨大的改革红利。

具体说来，改革释放红利的基本途径有：

第一，改革可以通过保障所有权和产权等，提高各个主体的积极性和创造性,特别是激发企业家精神和创业者活力,进而提高劳动生产率和企业活力,释放红利。

第二,改革可以通过形成合理而稳定的制度环境,改善消费者和投资者对未来的预期,提升信心,释放红利。

第三,改革可以通过保护知识产权,促进技术进步,开辟新的生产领域,释放红利。

第四,改革可以通过保障公平分配权,创造新的需求空间,释放红利,如推进收入分配改革、福利保障制度改革等,就可以扩大市场需求。

第五,改革可以通过建设公平竞争的全国统一市场,促进人口和生产要素在不同地区和行业之间合理流动、优化配置,推进工业化、城镇化和区域经济一体化,提高资源配置效率,释放红利。

第六,改革可以通过建立及时反映供求关系、资源稀缺性的价格形成机制,形成引导资源优化配置的准确信号,减少因信息不对称、不完全而带来的效率损失,释放红利。

第七,改革可以通过建立公平竞争的企业体系,促使各类企业主要通过自身竞争力而非垄断特权来获取效益,减少资源的错误配置,释放红利。

第八,改革可以通过理顺政府与市场的关系,解决政府的"缺位""错位""越位"问题,减少"寻租"空间,改善政府服务,释放红利。

总之,改革可以通过优化各主体之间的责权利配置关系,激发活力,形成动力,提高生产要素效率和资源配置效率,释放出各种红利。

经过30多年的改革,我们已经深切体会到改革的威力、意义和重要性。目前,中国改革已进入"深水区",容易改的地方已经改得差不多了,现在需要有更大的勇气、魄力和智慧"啃硬骨头",需要对过去的改革进行认真的总结和梳理,需要对未来改革的环境进行深入的分析,需要对改革释放新红利的路径进行准确的把握。只有这样,我们才能在未来的改革道路上走得更好,释放出较过去30多年更大的改革红利。

"三大发动机"之二:结构优化可以释放巨大的生产力

为什么要推进新型工业化、新型城镇化、区域经济一体化(如"一带一路"、京津冀协同发展、长江经济带等)、产业转型升级等?因为其中蕴含着巨大的"结构优化生产力"。

为什么中国等新兴国家的经济增长速度,较成熟发达国家的经济增长速度要高很多?因为中国等新兴国家较发达国家拥有更大的"结构优化生产力"潜力。具体表现是:中国等新兴国家的工业化、城镇化、区域经济一体化等都还处于快速发展阶段,还可释放出巨大的"结构优化生产力",而发达国家大多已基本完成了工业化、城镇化和区域经济一体化进程,没有多少"结构优化生产力"可释放了。

何谓"结构优化生产力"?简言之,即在工业化、城镇化、区域经济一体化、产业转型升级等经济结构优化中,将人口和生产要素从较低效率的地区、行业和岗位,转移到较高效率的地区、行业和岗位,因而带来生产力。"结构优化生产力"是一种"过程性动力",它上联制度变革和技术进步,下联经济效益,也就是说,制度变革和技术进步等"根源性动力"带动工业化、城镇化、区域经济一体化等"过程性动力",提高经济效益,促进经济增长。

"结构优化生产力"是经济增长动力的重要组成部分。促进经济增长有投资、消费、出口三大需求边动力,劳动力、资本等要素投入动力,制度变革、结构优化、要素升级等全要素生产率提高动力,以增长为导向的价格制度、财税制度、金融制度、土地制度和政府管理制度等中国特色动力，共四大类基本动力。其中，"结构优化生产力"属于第三类"全要素生产率提高动力"中的一种。

工业化、城镇化、区域经济一体化、产业转型升级等如何释放生产力？

先看工业化。工业化本是非农产业特别是工业（含产业化农业）在国民经济中比重不断上升的过程。工业化的动力来自工业劳动生产率高于传统农业劳动生产率，进而工业劳动收入高于传统农业劳动收入。

工业劳动生产率之所以高于传统农业劳动生产率，是因为工业的分工协作更发达，根据斯密理论，分工协作深化是提高效率的源泉。所以，我们看到的是，现代化过程总是伴随着工业化过程，发达国家基本是工业化国家，即使是荷兰、新西兰等"农业国"也是对农业进行了工业化改造。

改革开放以来，中国经济之所以高速发展，其中一个很重要的原因是制度变革启动了内生工业化过程（与20世纪50年代的赶超型工业化有所不同），特别是2000年以来的重化工业高速发展更是使中国经济的分工协作达到新的水平，带来经济的高速增长。

再来看城镇化。从人本角度理解,城镇化的本意是城镇人口在总人口中比重不断上升的过程,换言之是农村人口不断向城镇迁移的过程。农村有土地、有资源、有农业、有好的生态环境,那为何农村人口还要不断向城镇迁移?主要是因为农村多是靠天吃饭,自然经济比重高,商品经济相对不发达,分工协作水平低,劳动生产率水平较低,就业机会较少,因而收入水平较低,同时农村的交通、通信等基础设施相对较差,生产、生活条件较差。

在中国,由于存在城乡二元制度,农村居民的福利保障等权利和社会地位不如城镇居民,因而强化了农村人口向城镇迁移的意志。同样一个人,在农村传统农业中劳动,因分工协作不发达等原因只能获得 5 000 元的年收入,而一旦转移到城镇,则因进入到更发达的分工协作体系中,年收入会很快提升到 20 000 元以上,增加了几倍。千百万个农民向城镇的转移意味着整个国民经济效率和国民收入水平的大幅提高。这就是人口城镇化带来的显著生产力。

随后来看区域经济一体化。区域经济一体化是指区域内部不同城市或地区之间分工协作水平的提升。各地区之所以追求区域经济一体化,是因为它能为各个城市或地区带来共赢发展的效果。

区域经济一体化可表现为区域组织的一体化、政策的一体化、规划定位的一体化、基础设施建设的一体化、产业发展的一体化、市场建设的一体化、人口布局的一体化、生态保护的一体化、公共服务的一体化、品牌的一体化等方面，或者其中的某几个方面。

不管是哪个方面的一体化，都有利于各个城市或地区错位发展，避免恶性竞争和高度同构，减少重复建设，有利于发挥各自比较优势，形成分工协作效应，实现共赢发展。反过来说，如果各地不能实现一体化发展，不能建立全国或区域统一市场，必定会导致恶性竞争，导致资源错误配置和资源浪费等，降低甚至破坏生产力。

最后来看产业转型升级。产业转型升级的核心含义是产业不断向高附加值产业转换或上档次。产业转型升级的基本途径有产业高级化、产业高端化、产业特色化、产业集群化、产业品牌化、产业绿色化、产业融合化、产业信息化、产业国际化等。

产业转型升级的原因有二：一是消费结构转型升级了，产业也必须随之转型升级；二是"高成本时代"悄然到来了，不转型升级就不能消化这些高成本。产业转型升级的实质是降低低效率、低效益、低循环、高消耗、高污染、高排放产业的比重,提高高效率、高效益、高循环、低消耗、低污染、低排放产业的比重,这会提高整个产业的市场竞争力,带来产业总体效率和效益的提高,促进经济增长。

所幸的是,中国的"结构优化生产力"还有巨大潜力,原因有二:一方面,它由中国发展阶段所决定,目前中国仍然属于发展中国家,仍处于工业化、城镇化快速推进阶段,还有释放"结构优化生产力"的巨大潜力空间;另一方面,中国现有的制度和发展模式还不完善,还在扭曲和压抑着很多"结构优化生产力",只要我们坚持和加快推进全面改革,就可以释放出巨大的"结构优化生产力"。

中国"结构优化生产力"潜力巨大的具体表现是:

第一,全国东部地区和部分中部地区工业化仍处于中后期阶段,部分中部地区和西部地区仍处于工业化中期阶段,西部部分地区尚处于工业化前期阶段,大部分地区走入后工业化时期至少还有一二十年时间,在此过程中还可释放出巨大的工业化"结构优化生产力"。由于全国发展不平衡,即便是部分地区已完成工业化,也还有部分地区尚处于工业化过程中,由此形成工业化的"滚动效应"。

第二，中国的城镇化仍处于加速阶段中。2014年，中国的城镇化率为54.77%，根据国际经验，当一个国家或地区的城镇化率达到30%~70%时属于城镇化加速阶段，显然中国城镇化正处于加速阶段，按照目前每年提升1个百分点城镇化水平的速度，到城镇化加速阶段70%的终点，还有15年左右。在此过程中还可释放出巨大的城镇化"结构优化生产力"。

第三，中国的区域经济一体化正在如火如荼推进之中。尽管过去已出现了许多区域经济一体化地区的雏形，如长三角、珠三角、京津冀等，但大多还在形成中，远未成型。本届中央政府成立后，高度重视大区域经济一体化，已提出了"一带一路"、京津冀协同发展、长江经济带等大战略，带动了新一轮区域经济一体化发展热潮。这也会产生巨大的区域经济一体化"结构优化生产力"。

同时，各地都在推进的产业转型升级也同样会带来巨大的"结构优化生产力"。

最后，必须强调的是，释放"结构优化生产力"必须正确处理好政府与市场的关系。结构优化大多是一个自然的历史过程，主要通过发挥市场的资源配置作用来推动，而要避免出现政府过度干预、拔苗助长、欲速而不达的情况，但同时也要更好地发挥政府在规划和政策引导等方面的作用，以使经济结构优化更快更好地向前推进。

"三大发动机"之三：要素升级成经济发展重要动力

众所周知，技术、劳动力、土地、资金等生产要素是经济发展的基本手段，但人们在讨论生产要素时大多只注意到生产要素投入"量的增加"，而忽视了生产要素"质的提升"。其实，经济发展是生产要素投入量的增加和质的提升共同作用的结果，而且后者更为重要。中国已进入"中等收入陷阱"敏感期，能否顺利跨过去，在很大程度上取决于要素升级的状况。

2015年3月23日，中共中央、国务院印发了《关于深化体制机制改革加快实施创新驱动发展战略的若干意见》（以下简称《意见》），将创新驱动上升为国家重大战略，并重点从体制机制改革方面，明确了实施创新驱动发展战略的对策。之所以近期不断出台有关创业创新的政策，是因为形势所迫。

随着国际竞争加剧、人口红利减少、资源环境约束加大、基础设施建设逐步饱和、投资边际效益下降、资源能源密集型重化工业发展高峰期结束等，规模速度型的粗放发展模式已走到了尽头，必须走向质量效益型的集约发展模式。形成质量效益型新模式的关键是提高全要素生产率，而提高全要素生产率依赖于新动力——经济增长供给边"三大发动机"（制度变革、结构优化和要素升级，或者说改革、转型、创新）的形成。

要素升级作为促进经济增长的三大发动机之一，与土地、资源、资金、劳动力等要素投入量的增加有所不同，主要表现为生产要素的"质的提升"。要素升级的具体表现形式有：一是技术进步，如现有技术的改进和新技术的突破；二是人的素质的提高，包括人的知识水平、劳动技能和其他各种素质的提高；三是资金运用效率的提高，包括资金流通速度加快等带来的资金运用效率的提高；四是基础设施（广义生产要素）的升级，如高铁对传统铁路的改造，大幅度提高了铁路的运能；五是各种要素的信息化改造，信息化改造一方面可以大幅降低生产要素的信息成本，另一方面可以大幅提高生产要素的效能。在经济增长供给边"三大发动机"内部，要素升级既是结构优化的重要条件，也对制度变革提供了支撑。

一方面，要素升级的重要性和紧迫性体现在它是创新驱动的重要途径。创新驱动有多种表现形式，包括技术创新、人力创新、模式创新、组织创新、管理创新或服务创新等。而要素升级的具体表现形式有技术进步、人的素质提升、资金效率的提高、基础设施的升级以及各种要素的信息化改造等。

可见，创新驱动与要素升级在具体表现形式上有很大交叉。技术创新主要是寻求技术进步，人力创新主要是实现人的素质的提升，模式创新主要表现为各种生产要素组合方式的创新，组织创新对技术进步特别是信息化有很大的依赖，管理或服务创新则离不开人的素质的提升等。总之，欲实现创新驱动，必推进要素升级。

另一方面，要素升级的重要性和紧迫性体现在它决定着我国能否顺利跨过"中等收入陷阱"。"中等收入陷阱"其实与中等收入没有直接关系，而与要素升级有密切关系。当一国或地区的产业结构开始由低端制造业、传统服务业和传统农业转向高端制造业、现代服务业和现代农业后，必须要通过要素升级，由主要依靠土地资源、劳动力等普通要素，转向主要依靠迈克尔·波特所说的"高级要素"——技术、知识、人才、信息等，即资源配置实现由"吃资源"向"吃知识"的跃升后，才有可能跨过"中等收入陷阱"，否则就有可能像拉美、亚洲其他许多国家那样陷入其中，只能长期呈现经济低迷增长的局面。而转向技术、知识、人才、信息等"高级要素"就必须依靠技术进步、人的素质提升、资金效率的提高、基础设施的升级以及各种要素的信息化改造等要素升级。

然而，中国目前推进要素升级还存在以下几个方面的障碍。

一是制度障碍。如产权制度、教育制度、土地制度、金融制度等不合理，都会阻碍要素升级。股权分红制度和知识产权制度对技术进步影响重大，但目前中国针对技术创新的股权分红制度和知识产权制度还不完善，致使很多科技创新人员缺乏内在的、持久的动力，有的人取得几个科研成果后就停滞下来了。目前的教育制度始终未摆脱应试教育的窠臼，培养了很多令世界瞩目的高分学生，但真正有创新意识和创新才能的人不多。产权不甚清晰的土地制度激励了土地财政、大规模城镇化建设和房地产开发，但没有激励对土地的保护和轮休。

二是思想障碍。人的素质提升直接针对人，技术进步严重依赖于人，土地、资金、信息、基础设施等要素都需要人来应用，所有要素都受人的思想观念的影响。要素升级意味着要素从旧的状态向新的状态的转变和提升，对人的旧观念是一种冲击，因此，作为新生事物，刚开始必会遇到旧思想观念的阻碍。尤其是要素升级总是存在一定的投入和风险，因而更会遇到一些思想较守旧人的刁难。因此,我们就不难发现,每当一种新技术、新方法、新材料、新人才、新渠道等出现后,总会有人议论纷纷甚至冷嘲热讽和打压。

三是既得利益障碍。现有世界是由传统要素组成的,已形成了一种较低水平的均衡状态,同时形成了一种相对稳定的既得利益格局。随着要素升级和新的高级要素的出现,会打击或取代传统要素,会打破既得利益格局,会损害既得利益者的利益,无疑会遇到既得利益集团的阻碍。如新能源技术的出现,就对传统化石能源形成了冲击,会遇到相关利益集团的无形阻碍;一个单位若引来若干高级人才,会对现有人才的权益格局带来冲击,会遇到无形的阻碍。

推进要素升级,需要针对上述障碍采取综合对策。第一,制定促进要素升级的相关法律、法规和标准,使要素升级有法可依、有规可循。第二,建立有利于要素升级的体制机制,特别是科教人才管理体制、金融体制和信息化推进机制等。第三,制定促进要素升级的财税、金融等政策,为要素升级提供有力的政策支持。第四,培育适应要素升级的企业、社会组织和居民等主体,形成要素升级的磅礴力量。第五,建立推进要素升级的交易所等各种平台,使各种要素在升级中优化配置、在优化配置中升级。第六,塑造有利于要素升级的文化,形成要素升级的持久内在动力。

在加快实施创新驱动发展战略、推进大众创业、万众创新的新形势下,要尽可能将要素升级与创新驱动、大众创业、万众创新有机结合起来,形成建设创新型国家的强大合力。

第三章
供给侧改革（下）

供给侧改革的主战场是要素市场改革

刘世锦　国务院发展研究中心原副主任

近期,供给侧结构性改革成为舆论关注的热点,对此存在不同的理解和争论。中国的经济改革,从来都是问题导向的。供给侧改革改什么,要看中国经济运行和发展面临的要害问题是什么。

中国经济已经进入新常态,正处在由10%左右的高速增长向中高速增长的转换过程之中,背后则是结构、动力、体制政策环境的转换,由此也可以称其为"转型再平衡",即由高速增长平台上的供求平衡转向中高速增长平台上的供求平衡。以往长时期支撑中国经济高速增长的基础设施、房地产等相继出现历史需求峰值,出口的高增长也由于国内要素成本和汇率上升而难以为继。在需求增速回落的同时,供给侧相对应的重化工业也开始调整,但调整幅度远不及需求回落幅度,于是出现了严重的产能过剩，并引发了 PPI（生产者价格指数）超过 40 个月的负增长，最新的 PPI 已达 −5.9%，导致了中国式的结构性通缩。与增速下行压力相比，更具挑战性的工业企业利润超过一年负增长。利润负增长非同小可，持续下去将会加大金融财政风险压力。最新数据显示，这种负增长仍在加剧。分析显示，煤炭、钢铁、铁矿石、石油、石化、建材等过剩最为严重行业在 PPI 和利润下降中占到 70% 以上的份额。

中国经济达到中高速增长平衡点，将会有两个"底"。一个是"需求底"。房地产投资增速已经由以往的高增长回落到最新的月度同比负增长，当房地产投资增速由负转正时，将是房地产投资乃至中国经济从需求侧来看的经济增速触底的信号。估计这个"需求底"有较大可能在 2016 年年中左右看到。另一个是"效益底"，即工业企业利润增速由负转正，并保持可持续的增长。这个"效益底"的出现，直接取决于减产能的力度和进度。但目前来看，仍有相当大的不确定性。如果"效益底"滞后于"需求底"迟迟不能出现，经济很可能落入低效益、高风险的特殊困难时期。

摆脱这种困局，首先要高度重视并大力度减产能，同时解决其他领域"低效率洼地"问题。这样就涉及需求侧政策的局限性。供给和需求是现代经济活动互为关联的两个方面。所谓"三驾马车"是对需求侧消费、投资、出口活动的通俗描述。有人以为讲供给侧结构性改革就是否定"三驾马车"。这种看法会导致误解，而且低估了供给侧结构性改革的意义。解决中国经济当下面临的转型期结构性问题，需求侧政策并非不可用，而是不能只靠需求侧政策，也难以将其作为重点。例如，对一个时期以来的通货紧缩现象，主张放松货币的声音很大。向成因看，中国目前的通缩与某些西方国家曾经出现的通缩全然不同，不是由于流动性不足，而是源于增长阶段转换期的结构性产能严重过剩。对此类通缩，仅是放松货币不大可能有效，这正是近些年连续降准降息、产能过剩问题有增无减的原因所在。在增长阶段转换的大背景下，需求侧的刺激政策主要是防止短期内增速下滑过快，而不可能通过刺激政策使过剩产能不再过剩。这个"度"过了，所刺激起来的很可能是短期内无现金流和经济效益，长远效益和社会效益也难以确定的低效或无效投资。另一个同样不能忽视的问题是，注意力放在需求侧刺激上，很可能错过减产能、实现转型再平衡的有利时机。

在这种情景下，供给侧改革的必要性、紧迫性显而易见。供给侧改革也有宏观和微观之分。供给侧改革不排除宏观政策的必要调整,比如采取供给学派所强调的减税等措施,但重点还是在微观层面,通过实质性的改革措施,进一步开放要素市场,打通要素流动通道,优化资源配置,全面提高要素生产率。具体地说,优先和重点的改革领域包括如下几项。

第一,对减产能要采取果断管用办法,在一定时间内取得实质性进展。理想办法是通过市场化的优胜劣汰挤出过剩产能,但在现有体制条件下,尤其对国企占主导地位的重化工业领域,市场机制作用有限。可考虑由国家层面确定减产能总量,按现有产能将减产配额分配到各地,同时允许配额交易,这样优势企业可以不减产,还可以去买劣势企业配额。同时在解决"人"和"债"问题上出台得力政策,如将部分国有资本转入社保基金,解决职工安置问题,对相关银行坏账允许核销等。同时,要推动优势企业主导的市场化的兼并重组。

第二,进一步放宽准入,加快行政性垄断行业改革。放宽准入,既要"放小",更要"放大",在行政性垄断问题突出的领域,如石油、天然气、电力、电信、铁路、医疗、教育、文化、体育等领域,引入新的投资者,鼓励和加强竞争。有的领域,表面上看投资已经不少了,如果放宽准入,还有降低成本、提高效率的很大空间。我们现在最需要的,是那些能够真正提高效率的投资。

第三，加快城乡之间土地、资金、人员等要素的流动和优化配置。中国城市化还有很大发展潜力，但重点不在现有的大城市，而在大城市之间。要把以往孤岛型城市转变为网络型城市，进一步拓展城市带、城市圈，在大城市之间带动大量小城镇发展，推动互联互通和基本公共服务的均等化，带动人口居住和产业布局的再配置，由此将可引出可观的基础设施和房地产投资机会。农民要进城，城里的人员、资金等也有到小城镇和下乡的意愿，要下决心打破城乡间土地、人员、资金等要素流动、交易、优化配置的诸多不合理体制和政策限制。农民所拥有的资产只有在确权的基础上允许流动、允许交易，价值才能充分显现，利益才能真正得到维护。

第四，加快产业转型升级、精致生产。尽管服务业比重超过制造业，但制造业仍然是国家竞争力的核心所在。服务业中发展潜力最大的生产性服务业，直接服务于制造业转型升级。必须牢固确立制造立国的理念和政策导向，推动制造业由粗放经营转向精致生产，倡导"工匠精神"，把活做精做细，提高附加价值比重，向全球价值链的中高端提升。借鉴日本等国的成功经验，全面实行加速折旧政策，此举相当于对企业减税，同时起到促进设备更新、扩大投资需求的多种效应。

第五，尊重创新规律基础上培育创新环境。与模仿为主的发展相比，创新面临的不确定性大大增加。必须通过市场上的大量试错，提高创新成功的概率。政府习惯于居高临下地做产业规划，但创新从本质上说是很难规划的，最重要的是着力创造有利于创新的环境，包括保护产权特别是知识产权，稳定企业家、科研人员的预期，排除泡沫经济的扰乱，促进创新要素流动，培育人力资本，改造金融支撑体系等。要把培育创新环境与地方竞争结合起来，推动形成若干个有吸引力、影响力的创新中心。

以上重点领域改革，集中于要素市场，这将是供给侧改革的主战场。过剩产能、低效无效要素要出去，有竞争力的、创新的要素要进来，通过生产要素的进一步解放、流动和优化配置，攻占经济生活中仍然随处可见的低效率洼地，形成全面提高要素生产率的新格局。

在供给侧结构性改革中，企业盈利水平是需要特别关注的核心指标。中国经济转型，一定意义上说就是企业盈利模式的转型。增长速度和效益的关系相当复杂，在特定增长状态下，存在着一个最优结合点。上面的分析表明，存在严重过剩产能的较高增长速度，将会降低企业利润，这就存在着稳增长与稳效益的矛盾。只要企业盈利处在一个正常或改进的状态，增长速度高一点、低一点就不会成为很大问题。也可以说，与企业好的盈利状态相对应的速度就是一个合理的、好的速度。我们曾经提出过"企业可盈利、就业可充分、财政可增收、风险可控制、民生可改善、资源环境可持续"的"六可"目标，其中核心是企业可盈利，这一条好了，其他几条才有保障。供给侧改革是否深入并取得成效，企业盈利水平将是一个关键的度量指标。

对于供给侧改革，从党的十八届三中全会到十八届五中全会已经讲了很多，大的部署都有了，关键是要把文件变成实践，顶层设计和基层试验互动。顶层设计主要是管方向、划底线。改革中到底哪些措施真正有效管用，还是要给地方、基层和企业更大的空间来试验，通过试错、比较、改进，找出符合实际、确有实效的办法。这也是我国过去 30 多年改革开放最为重要的一条成功经验，应该说现在依然适用，并可在实践中进一步拓展和提升。

以制度供给为核心，推进改革优化供给侧环境机制

贾康　财政部财科所原所长、新供给经济学研究院院长

供给侧结构性改革在"十三五"时期乃至更长的时间将处在一个突出位置上，为中国经济的发展发挥重要作用。供给侧改革必须把核心内涵放在进一步深化改革来解放生产力的命题上。我们需更注重以中长期的高质量制度供给统领全局的创新模式，在优化供给侧环境机制中，强调以高效的制度供给和开放的市场空间，激发微观主体创新、创业、创造的潜能，构建、塑造和强化我国经济长期稳定发展的新动力。

"中西医结合"，以制度供给为核心

2011年以后，我国经济告别两位数增长状态而进入潜在增长率"下台阶"的新阶段，"新常态"其"新"已在经济下行中

明朗化，而其"常"则还未实现，需要完成探底、企稳后对接一个增长质量提升且尽可能长久的中高速增长平台。对此至为关键的结构优化和创新驱动，必须以实质性推进攻坚克难的全面改革来保障。

当前，中国经济社会发展的现代化进程已经到达一个非同寻常的关键时期和历史性的考验关口，仅以短中期调控为眼界的需求管理已不能适应客观需要，应当及时、全面引入以"固本培元"为主旨、以制度供给为核心、以改革为统领的新供给管理方略，针对中国经济社会的重大现实问题，"中西医结合"多管齐下，共收疗效。

为处理好新阶段动力机制转换与优化、促使微观经济主体潜力与活力充分释放的相关问题，需要十分注重在整个经济体系的供给侧，正确把握改善其环境与机制的思路和要领。在传统的需求管理还有一定作用和优化提升空间的同时，我们迫切需要释放新需求，创造新供给，着力改善供给环境、优化供给侧机制，特别是通过改进制度供给，大力激发微观经济主体活力，构建、塑造和强化我国经济长期稳定发展的新动力。

在中央财经领导小组第十一次会议上，习近平总书记强调："在适度扩大总需求的同时，着力加强供给侧结构性改革，着力提高供给体系质量和效率,增强经济持续增长动力。"这为推动我国社会生产力水平实现"升级版"的整体跃升,给出了极为重要的指导。

中国经济的供给升级客观需要和结构性分化过程正趋于明显。如果我们从原来货币政策的"从紧"和财政政策的"稳健"搭配,转入引领"新常态"的适当宽松的货币政策与扩张性积极财政政策的搭配,坚持有所区别地对待在我国"三农"、社会保障、区域协调发展、自主创新、节能降耗、生态保护、支持深化改革等领域,运用结构性对策加大要素投入的力度和促进相关机制创新改进,便是通过"供给管理"加强了这些经济社会中的薄弱环节,即增加了国民经济中的有效供给和可持续发展支撑条件,并适应了激发微观主体活力、增强经济发展动力的环境建设客观需要。

优化供给侧环境与机制的五大建议

在我国,往往在经济下行压力明显时,也正是改革推进阻力较小之时。应抓住时机,推进改革优化供给侧环境机制,为我国的长远可持续发展夯实基础。我们主要有以下建议:

第一,从控制人口数量转向优化实施人力资本战略。面对我国劳动人口明显下降、老龄化社会加速到来的趋势,必须尽快、果断调整我国人口政策。一是全面两孩政策调整出台后,还可以并应当动态推进后续优化举措。二是将计划生育重点针对体制内的人口控制,过渡到以整个社会全面优生和提高人口质量为核心的人口战略,并进一步转为以教育和提升创新能力为核心的人力资本战略。另外,促进人口流动、适当吸引移民也应当成为我国人口政策的重要内容。

第二,积极审慎推动土地制度改革,逐步建立城乡统一的土地流转制度。土地制度是国家的基础性制度,也是供给管理的极重要内容。当前,土地制度改革的焦点主要集中在农村土地方面(涉及集体经营用地、农民承包地和宅基地)。我们建议积极落实十八届三中全会《中共中央关于全面深化改革若干重大问题的决定》(以下简称《决定》)中的有关精神,明确农村集体经营性建设用地入市范围和途径;建立健全市场交易规则和服务监管制度,积极总结借鉴重庆等区域以"地票"制度处理远离城市中心区的农民在农地"占补平衡"框架下分享城镇化红利的经验。全面推动农民承包土地使用权的确权、流通、转让、租赁制度,保护农民的合法权益。

第三，全面实施金融改革，积极解除"金融抑制"，有效支持实体经济。一是进一步深化金融机构特别是国有控股商业银行改革，适当降低国家持股比例，提升社会资本持股比例；二是积极发展证券、保险等非银行金融机构；三是在政策性融资机制创新中构建多层次、广覆盖、可持续的开发性金融、农村金融、绿色金融、科技金融等服务体系；四是依托存款保险制积极发展一大批社区银行、村镇银行，健全小型、微型企业融资体制，改进小微企业的金融服务；五是应全面放开存贷款利率管制，实现市场化定价的方针，在利率市场化的最后"临门一脚"——放开存款利率上取得突破后继续改进和完善相关机制；六是以显著提升直接融资比重为目标，大力发展多层次资本市场，在继续完善主板、中小企业板和创业板市场的基础上，积极探索覆盖全国的股权交易市场（三板），并推动"大资产管理公司"建设；七是提高金融业稳健性标准，牢牢守住不发生系统性风险、区域性风险的底线；八是加强金融业监管，落实金融监管改革措施和稳健标准，完善监管协调机制，界定中央和地方金融监管职责和风险处置责任；九是做好准备适时实行人民币在资本项目下的可兑换，支持人民币国际化。

第四，切实改革，为企业经营创业活动"松绑""减负"，激发微观经济活力。结合当前企业的实际情况，应以"负面清单"原则取向，创造高标准法治化营商环境。以自贸区为标杆，进一步简政放权，降低门槛、减少准入控制，同时改革监管方式，优化服务，推动全国统一的行政审批标准化改革，建立覆盖所有法人、自然人的全国性信息信用系统，执行统一的市场监管规则，以此最大限度地减少社会交易成本，为企业创造良好的经营环境。适度降低我国社保缴费率，同时加快推进实施基本养老社会保障全国统筹步伐，建立全国统筹的社保体系可结合调入国资经营收益等机制。进一步清理收费，降低企业实际综合负担特别是税外负担。

第五，大力实施教育改革和创新驱动战略，培育高水平人才有效建设创新型国家。以改造应试教育和去行政化为重点的教育改革势在必行，以利培养造就一大批创新人才。面对新一轮生产力革命（"第三次产业革命"）的挑战，我国从中长期来看，需要在高端"买不来的技术"领域靠自主创新艰难前行，在中高端依靠全面开放和"拿来主义""引进、消化吸收再创新"与"集成创新"结合，最终建成"创新型国家"，完成从工业时代经济向与"第三次产业革命"接轨的"中国新经济"的转轨。为力求主动，必须积极深化科技体制改革，完善支持自主创新和成果转化的政策体系,引导各类创新主体加大研发投入,调动社会各方面参与和推动自主创新的积极性。要完善以企业为主体、市场为导向、产学研结合的技术创新体系;加强创新型人才队伍建设,重视培养引进高科技领军人才;培育创新文化,保护创新热情,宽容创新失败,在全社会形成有利于创新的氛围,多元化支持从发展基础科研、实施国家科技重大项目到促进科技成果产业化各个方面的自主创新,提升创新绩效。

供给侧改革须避免三大误区

滕泰　万博新经济研究院院长

2015年11月9日,笔者应邀参加了中国国务院总理李克强主持召开的座谈会,做了题为"从供给侧改革,全面降低企业成本,开启经济新周期"的汇报。碰巧第二天,11月10日,中国国家主席习近平在中央财经领导小组会议上,首次提出"供给侧结构性改革"。之后,国务院发布《关于积极发挥新消费引领作用加快培育形成新供给新动力的指导意见》,政界学界开始密切关注"供给侧改革",且热度不断升温。

为什么在此时明确提出供给侧结构性改革?供给侧结构性改革的要点有哪些?供给侧结构性改革该怎么改?要避免哪些误区,达到那些目的?笔者结合多年致力于新供给主义经济学研究的经验,谈一些个人的浅见。

扭转经济颓势、重聚改革共识的战略选择

2008年、2009年两年，中美两国的经济都比较艰难，但为什么在2010年以后，美国和中国的经济走势出现了明显的不同，美国经济靠什么迅速走出衰退，中国经济又为何出现连续5年下行？

实际上，尽管美国搞了量化宽松政策，但真正推动美国经济走出衰退的，是以苹果公司产业链为代表的新供给、新需求、新动力。2010年以后，以苹果手机为代表的智能产业和移动互联进入全面的新供给扩张阶段，带动了美国消费的复苏、投资的复苏以及出口比较大的反弹。所以2010年以后，美国经济逐步走出了衰退，走出了危机，进入一个上升周期，重新成为拉动世界经济的火车头。

反观中国，2008年推出了以"4万亿"为代表的需求扩张政策。虽然2009年短暂快速反弹，但是2010年以后就进入了持续5年的经济下行周期。中国经济为什么欲振乏力？就是因为有太多的产业处于供给成熟和供给老化的阶段。

党的十八届三中全会以后，大家对改革充满了期待，但是搞了两年以后，很多人对未来改革的方向有一点迷茫，改革的

深度和力度都没有达到市场的预期。无论是土地流转，还是人口户籍制度、科技创新体制、金融体制的改革，或者垄断行业的改革，都没有达到两年前的预期效果。十八届五中全会之前，我在多个场合发表过题为"重聚改革共识，扭转经济颓势"的公开演讲。如何才能再次凝聚改革的共识？我认为，这个时候推动供给侧结构性改革，不但抓住了经济运行的主要矛盾，而且也能起到重新凝聚改革共识，扭转经济颓势的战略性作用。

供给侧结构性改革的五大要点

那么供给侧结构性改革的关键究竟在哪里？我认为有五大要点：

第一个要点是刺激新供给、创造新需求，这是新供给主义经济学的微观理论基础，也是供给侧改革的基本出发点。以19世纪法国经济学家萨伊为代表的古典供给经济学提出，供给会创造自身的需求。新供给主义经济学认为，"供给创造自身的需求"是有条件的，只有在新供给形成和扩张阶段可以自发实现，在供给成熟和供给老化的阶段，供给就创造不了自身等量的需求。即便在新供给形成和新供给扩张的阶段，如果受到行政、税收等成本的约束,或者受到一些制度的抑制,供给也不能创造自身的需求,甚至很多新供给受到抑制不能形成生产力。所以新供给经济学的任务,就是创造条件,放松供给约束,解除供给抑制,通过供给侧改革,让它具备这个条件。

未来的新需求和新供给在什么地方?在五大"软财富"领域,即知识财富、信息财富、文化财富、金融财富以及其他的社会服务业。为什么叫作软财富?这五大软产业的财富源泉不是地球资源,办教育也好,拍电影也好,虽然也消耗一点地球资源,但是主要的财富源泉是人类的思维和人类的活动,这代表了未来发展方向。这五大软财富领域在美国占79%,而在中国只占49%,差30个百分点,这就是我们的未来。

对那些硬财富的制造业怎么办?要通过转型升级,让传统硬财富制造业培育更多的软价值。我们都知道,全美国的公民都开着底特律生产的汽车,但是底特律的经济一片萧条。而与底特律汽车相关的产业,汽车装潢、汽车4S店、汽车金融、汽车广告都赚钱。与传统汽车制造业不同,有两家汽车商是赚钱的,一家是奔驰,另一家是特斯拉。奔驰为什么赚钱?因为它的总设计师说他们卖的不是汽车,他们卖的是艺术品,碰巧它会跑;特斯拉卖的也不是交通工具,卖的是环保,卖的是时尚,这也是新供给创造新需求。

第二个要点是从新供给经济周期出发优化产业结构，这是新供给主义经济学的宏观理论核心。新供给主义经济学认为，技术和产业的演进、供给和需求结构的变化，以及供给与需求循环往复的交互作用是形成经济周期波动的主要力量。从供给端和供给结构变化出发，一个完整的经济周期可以划分为四个阶段：新供给形成阶段、供给扩张阶段、供给成熟阶段、供给老化阶段。如果一个经济体中大部分行业处于新供给形成和供给扩张阶段，这个经济体就会充满活力，其经济增长速度就会提高，整体运行趋势是向上的；反之，如果一个经济体的较多行业处于供给成熟和供给老化阶段，这个经济体的活力就会下降，其经济增长速度就会降低，整体运行趋势就会向下。新供给主义经济学认为，任何一项社会主流技术和主流产业，早晚都会进入供给成熟和供给老化阶段，因此无论通过财政政策、货币政策刺激总需求，抑或是通过计划手段增加或抑制总供给，都不可能从根本上解决技术周期和供给老化问题。同样，当一个国家的经济结构出了问题，有太多处于供给成熟和供给老化阶段的产业，那么无论是刺激需求还是五年计划，都无法改变经济结构转型的问题。

在实践中，真正有效正确的做法是通过"放松供给约束"的系列政策大幅度降低企业生产成本，打破生产销售僵局，让市场通过成本价格传导机制快速消化过剩产品，在较短时期内恢复均衡，并通过要素转移更新供给结构。新供给创造新需求，不仅在宏观上是恢复经济均衡的必然循环，在微观上也一样。比如苹果手机，在乔布斯创造出苹果手机之前，世界对它的需求原本是不存在的，而一旦苹果手机面世，新的需求就被源源不断地创造出来。一旦资本、资源、劳动开始向新供给集中，老产业的产能过剩将自然消除，整个经济不但恢复均衡，而且将开始新的增长。

新供给主义经济学认为，供给与需求动态均衡的打破属于经济增长过程中的阶段性、局部性问题，技术扩散和产业生命周期密不可分。生产过剩是相对的，阶段性和局部的供需矛盾可以随着资源逐步向新产业领域配置而消解。当宏观经济从供给到需求的传导过程遇到阻碍时，既不应当用带有计划经济色彩的手段比如产业政策去彻底破坏市场机制，也不应当用传统凯恩斯主义的手段人为扩大旧产业和旧经济的总需求，而应当通过"放开新产业供给约束、减少新经济供给抑制"的方式，为市场释放新供给创造条件，引导新供给创造新需求，最终通过经济供给和需求结构的调整,让经济回到"供给自动创造需求"的理想运行轨道,恢复"供给与需求的自动平衡机制和最终均衡状态"。

第三个要点是放松三大供给约束,恢复中国经济的活力。当前中国经济受到三大供给约束:高行政成本约束、高融资成本约束和高税收成本约束。2013年上半年,我们重点呼吁放松高行政成本约束,主张让政府减少行政审批,放松垄断、放松管制。新一届政府近年来在这方面做了很多工作,大力降低企业居民生活和创业的行政成本,取得了一些进展,但是在放松垄断方面,还有很长的路要走。2013年"钱荒"以后,新供给主义的政策主张重点转向降低融资成本,而一直到2014年5月,国务院常务会议才提出来降低融资成本,11月才真正降息。从2015年3月到7月,才开始看到融资成本有所降低,但从国际比较来看,仍属偏高。最近一段时间,我们重点呼吁大规模减税,放松高税收成本约束。在李克强总理主持召开的座谈会上,我提出减税3万亿元,减轻企业负担,激发投资和消费活力;同时发债3万亿元,吸纳社会闲置资本,解决现在资产配置荒的问题;同时还可以在未来还债时降低经济过热,熨平宏观波动,可以说是"减税发债,借力未来,一箭三雕"。

第四个要点是解除对五大财富源泉的供给抑制，提高中国经济的长期潜在增长率。从新供给主义经济学的角度来看，当前在人口与劳动、土地与资源、资本与金融、技术与创新、制度与管理这五大要素上，都有很多供给抑制，使之无法充分发挥作用。例如，2012—2014年，我们重点呼吁放松计划生育政策，目前来看，二胎生育限制已经全部放开了，但是还有户籍方面的问题，使劳动力无法自由流动。农村的人均GDP和城市的人均GDP差5倍，那就意味着如果一个人从农村到城市工作的话，财富供给增加了四倍。如果劳动力从农村转移到城市，还面临着教育、社保、医疗等方面的歧视性待遇，怎么促进经济增长？未来户籍制度改革是一个重点。再比如企业社保、保险等成本偏高，假设企业给员工发2万元薪酬，可能到员工手里只有1.4万~1.5万元，其余几千元钱在当期就沉淀下来了。经济低迷的时候，又有大量当期收入沉淀在社保或保险账户，几十年以后才能使用，对企业和整个经济来说都是损失。怎么样降低社保或者其他方面的缴费比例，也应该进行研究。

土地方面，现在土地价格高涨，也使得很多企业背负了沉重的压力。有数据显示，2015年三季度末，全国105个监测城市，综合地价已经达到了 240 万元 / 亩，商业用地 447 万元 / 亩，住宅用地 361 万元 / 亩，工业用地也有 50 万元 / 亩，在北京一般用途的土地价格有很多达到每亩千万元以上，这么高的价格，企业怎么负担得起？现在土地都不能确权，很难推动流转，土地和资源的利用效率怎么能提高？

还有资金方面，有民营企业家以亲身经历比较了中美两国的制造业成本，最便宜的国内借款成本年利率 6%，是美国年利率 2.5% 的 2.4 倍。为什么我们的居民储蓄和外汇储备全世界第一，利率还是全世界偏高的？是由于严重的金融抑制。其他还有科技创新体制、教育体制、国有企业体制，究竟应该怎么改，才能激发各方面的活力，解决这些问题？这都是要重点探讨的问题。

第五个要点是新供给主义经济学的房价、物价管控政策，以及"按要素贡献分配"的主张。新供给主义经济学认为，房价、物价管控政策都应当以"优化供给结构、提高供给效率"为核心。中国房价持续上涨，调控效果多年不达预期，其原因就在于政策着力在打压需求，而不是扩大房地产的有效供给上。新供给主义经济学认为，未来只有从供给侧着手，以"优化供给结构、提高供给效率"为核心，增加保障性住房供给、增加房地产土地供给、改善房地产供给结构,才能从根本上解决城市居民住房问题。

对物价的调控也一样,中国从 1996 年以后就告别了短缺经济,进入过剩经济阶段。在产能过剩的背景下,物价波动的根本原因并不在需求方面,而在供给方面,10 多年来的每一轮通胀几乎都由原材料涨价、工资成本推动、食品供给冲击等供给方面原因造成,而政府却一次又一次地通过紧缩总需求去进行干预,结果难免误伤经济。

我在 2011 出版的《滕泰透视通胀》一书中详细分析了中国物价的驱动结构,书中指出,过去 10 年 70% 以上的 CPI(居民消费价格指数)波动都来自食品价格变化,而在居民对食品的需求总量基本不变的现实下,食品价格波动主要来自供给总量波动和供给结构变化。研究还表明,假定我国每年平均工资上涨 15%,将推动 CPI 上升 1.94 个百分点;假定原油等原材料价格上涨 15%,对 CPI 的影响只有 0.2 个百分点;此外,较高的流通成本也是造成物价上涨的重要因素。

因此,新供给主义经济学认为,增加有效供给,既能够挖掘增长潜力,也能够平抑物价,不存在所谓"稳增长与控通胀的矛盾"。新供给主义经济学从供给面去管理物价的措施包括:

降低税收成本,控制人工和原材料成本上升的速度,稳定农产品生产和供给机制,控制流通环节费用,建立稳定的消费品物价形成机制。

新供给主义经济学认为,收入分配机制应当以"供给要素贡献和边际报酬"为核心,并由此提出了收入分配改革政策的六个核心主张:①遏制公共权力直接或间接参与财富分配。从未创造任何财富的行政权力参与财富的分配不仅是腐败的源泉,也会影响到其他要素创造财富的积极性。②减少垄断对财富的瓜分。很多看似利润丰厚的企业,其实是靠垄断获取财富,这也是非常严重的收入不公平问题,所以反垄断、放松管制,促进市场自由化、产权民营化,不仅是"放松供给约束、解除供给抑制"的必然要求,也是促进收入分配公平的必然选择。③控制利用公共资源过度获取个体收入的现象。比如对于在经济制度不健全的阶段通过各种方法占有的土地和矿产资源、公共设施资源、海洋空间资源等,应通过以资源税为代表的税收政策予以调节,促进公平和效率。④对于创业企业或雇员人数、销售收入较少的小微企业应大范围免税。比如,是否可考虑对符合某些条件(如雇员在20人以下、销售收入在100万元以下)的创业型企业在一定的创业期限内全部或部分免除所得税?只有这样才能刺激新供给、创造新需求。扶持大批小微企业成长、做大以后,政府的税收总额甚至还会增加。⑤政府可以通过税收调节收入分配,但调节的重点应该是严重偏离要素边际报酬的收入,比如房产持有和遗产继承等。⑥无论是公共投资还是转移支付,长期来看都是低效率的,因此应该尽量减少公共支出和转移支付。

现在中央和国务院已经提出了课题,如何加强供给侧结构性改革,着力提高供给体系质量和效率?我们认为,越是供给抑制和垄断、管制厉害的地方,供给侧改革就越有意义。应当沿着土地与资源、人口与户籍、科技与创新、制度与管理、资本与金融五大财富源泉和几大重点行业(医疗、能源、教育等),一个个领域研究下去,得出一些建设性的可操作性的成果,才能真正推动供给侧结构性改革。

供给侧改革要避免三大误区

供给侧结构性改革提出来之后,媒体广泛报道,社会上也高度关注,这是好事。但是在今后的学术研究和政策制定中,需要避免以下三个误区:

第三章 供给侧改革（下）

第一个误区，就是让供给侧结构性改革停留在概念和理论层面。炒概念救不了中国，2012年，我们发表《新供给主义宣言》，当时的供给侧改革的确需要引起关注，需要撕开一个口子来推动这个概念。但是现在媒体上很多讨论还是在炒概念，这就没有意义了。我们不能停留在概念和理论层面，应该把供给侧结构性改革推向深入，落到实处。

第二个误区，就是让供给侧结构性改革回到计划经济或产业政策的老路上。我看到有报道说，供给侧改革就是新计划经济，这显然是误解，但是在实际方面，确实有很多学者还是在用政策之手来拨动经济，"这个产业是老的，应该怎么淘汰；那个产业是新的，应该怎么鼓励"——直接伸手了，这样就弄错了。供给侧结构性改革的关键，还是要把握住"放松供给约束，解除供给抑制"的理念，让财富源泉自主发挥活力，充分涌流。

第三个误区，就是把供给侧改革和需求管理对立起来。不能说研究供给侧改革就是要彻底否定需求管理。三年前我写文章的时候，确实有反对凯恩斯主义，但是现在不必再反对了。现在西部投资、民生改善方面还有很大的空间，需求领域也有很大的作用，不能将二者绝对对立起来。

总之，我觉得要避免这三个误区，一不能炒概念，二不能把供给侧改革误解成新计划经济，三不能把需求和供给对立起来，这样才能建设性地把供给侧结构性改革推向深入，真正开启中国经济新的增长周期。

为什么宏观调控要转向供给侧[①]

周天勇　中央党校国际战略研究所副所长

为什么中央要从过去传统需求侧管理的宏观调控,转向供给侧?什么是供给侧的宏观调控,具体是什么内容?

笔者认为,从中国改革开放以来的商品生产和服务形成的GDP的分配来看,城乡居民收入分配的比例在持续下降,政府分配的比例在持续上升;国有企业创造和分配GDP在比例上下降后,21世纪开始又在回升,但其容纳的就业比率在下降,导致所分配的GDP,要么形成企业的收入和资本,要么形成政府收缴的利润;而对GDP的另一个分配走势是,银行和其他借

[①] 早在2012年年初,笔者接受《中国经济时报》采访,发表过关于必须将宏观调控方式从需求侧管理转向供给侧的看法;2015年又在《经济研究参考》第50期发表了近2万字的《收入流程扭曲与经济增速下行》一文,认为政府、银行和国有企业从GDP中分配的比例越来越高,导致民营企业经营越来越困难,投资意向越来越低下,成为经济增长下行的因素之一。本文将上述两篇文章的一部分合起来,作为供给侧调控和减税政策的一个研究依据。

贷机构的利润率越来越高,分配规模越来越大。三者的挤压力,从国民收入分流来看,不断地挤出相应城乡居民和民营企业在国民收入中的分配流量。致使消费和投资能力减弱,增长速度下降,使国民经济消费增长和投资需求的拉动力越来越弱。对经济增长下行的贡献在 30% 左右。

因此,解决这些问题的根本是减轻企业的负担。在思路上要从凯恩斯主义需求侧管理的思路转向供给学派的供给侧管理思路,也就是说,宏观调控依据的理论也要转型。现在,我们的居民收入占经济总量的比例太低,财政收入增长速度每年都远远高于居民收入增长速度,稍有数学常识的人都知道,国民收入中政府收入分配比重会越来越高,居民收入分配比重会越来越低,进而影响消费和经济增长。

政府、银行和国企 GDP 收入分配比例的上升

经济增长速度为什么下行?原因之一,就是政府、国企和金融体系长期对 GDP 分配力量的强化,导致流向民营企业和城乡居民的部分减少,使其投资和消费能力下降;而政府、国企和银行等金融体系,由于负债率高企,国企产能过剩和结构

转型困难，政府和国有投资机构及银行大规模地向地方政府和国企放款受到可能触发金融危机的阻拦，而政府、国企和银行的三公消费由于反腐倡廉受到抑制。因而，加上人口萎缩原因，社会总投资和消费需求的增幅，从2011年后掉头下行。

一年内一个国家的财富是有限的，政府、金融体系和其他国企在GDP中分配的比例如果越来越高，挤出的将是城乡居民和民营经济所能分配的比例。

政府收入占GDP的比例是多少

中国各级政府的财政收入数据，一直是一个谜。除了每年公布的狭义的预算收入外，还有各种基金、社会保险金、国有企业上缴利润（包括地方国企上缴的利润）等收入，还有一部分没有列入这些项目的各行政及事业机构的行政性收费及罚没款等。从狭义的全国财政收入，即政府税收加进入预算内的收费等占GDP比例的变化看，1995年只有10%，到2014年为22%。但是，从项目看，土地出让金从无到有，社会保险金从很少到规模很大，再加上行政机构和行政性事业收费罚款等非税收入增长较快，政府实际收入占GDP的比例迅速上升，2014年比1995年上升了21个多百分点。其中，土地出让金增长规模太大，一方面表明对农民的土地财产分配过多，另一方面高出让金和税费对城镇居民的收入形成分配；而在政府税收之外，又有相当大一块进入统计和没有进入统计的非税收入，形成再分配企业和城乡居民收入的不合理的强行分配机制。

借贷利润对实业和城乡居民收入的再分配

我国银行，特别是商业银行，多年体制的垄断和行政定价特征较为明显。商业银行数目逐年增加，但是资产和业务的集中度仍然很高；贷款利率由央行定价，逐步放开，而存款利率2014年前则一直是央行定价，并且存贷利差只有1.8个百分点，而到1997年后扩大到3个百分点以上，实行到2013年，远高于国际平均水平。加上银行其他费项的增加，以及花样翻新的业务，从城乡居民存款中所分配的收入越来越丰厚。

银行的净利润，是指扣除上交税费和工资以后的银行所得，从收入法讲，是 GDP 的一个组成部分。银行凭着垄断收费和各种花样，以及行政定价，获得的不合理的收入部分，是商业资本和银行资本竞争不对等，以及银行对储户权力过强格局下，银行对非金融企业和居民收入的一种扭曲的再分配。

实际上，除了银行外，还有其他金融和非金融机构进行借贷融资。一个国家，其借贷融资利润占GDP的比例我认为以不超过3%为合理。然而，从近几年的变化情况看，商业银行利润的增长率远高于非金融企业净利润和城乡居民收入的年增长速度。可以看出，这种与GDP、实业和城乡居民收入增长不同步的高增长，含义就是银行优势位势对实业和城乡居民收入分配的一种挤出。

国有企业利润规模

国有企业是创造和分配GDP的一个重要领域。在GDP的创造中，相当多的国有企业从政府手中获得了较为便宜的划拨和出让土地；从银行获得了相当于民营企业利润三分之一，甚至一半的贷款；有的企业，获得了定价和经营方面的垄断权利；而有的企业，则得到了政府相当多的补贴。2013年，国有企业总资产104亿元，权益资产37万亿元。总资产利润率1.83%，净资产利润率5.13%。

国有企业净利润，是交纳财政税费和支付工资年薪等后所获得的收入分配，是GDP的重要组成部分。政府银行国企收入占国民收入比例从1982年的37.95%，1995年下降到16.66%，后又逐步上升，2014年达到了44.35%。剩下的国民收入，除了其中还有一部分文化广电出版等净利润外,就是城乡居民和民营企业对 GDP 的分配部分。

城乡居民和非国有实业分配了多少 GDP?

除去政府银行国企收入在 GDP 中的分配部分,剩下的就是城乡居民和民企在 GDP 中的分配部分。观察这几个方面分配比例的变化,可以解释中国经济增长后面的投资和消费各个不同方面的拉动力的变化。

城乡居民收入比例持续下降

我们先来看城乡居民分配了多少国民生产总值。1978 年时,城乡居民收入占 GDP 比例为 45.2%,改革开放后,城镇居民增加工资,发展个体私营经济,实行国企大包干,农村实行联产承包制,城乡居民增收,加上当时行政事业机构和人员负担还较少,政府轻税少费,1983 年时,城乡居民收入占 GDP 的比例上升到 62.80%,而到了 2008 年最低时,下降到 41.8%,2014 年才回升到 44.34%,比城乡居民收入分配比例最高时,下降了 18.46 个百分点。

从 1983 年城乡居民收入分配占 GDP 的水平看，2014 年城乡居民少分配了 12.39 万亿元；如果我们将城乡居民收入分配定在较为合理的 55% 水平上，则城乡居民也少分配了 7.42 万亿元。

非国有实体经济分配受到挤压

国民收入中，政府银行国企收入，减去城乡居民收入，就是非银行和非国有经济收入。非银行和非国有经济收入，1982 年时，只有 2.4 亿元，占国民收入比例仅为 0.045%，1995 年时规模为 19 097 亿元，比例为 31.93%，其后逐年下降，而到了 2014 年时，其规模虽为 42 901 亿元，但是占国民收入的比例下降到了 6.74%。非国有经济，从比例变化上可以看出，受到越来越强的政府税费罚没、银行净利润和国企净利润三方面强制和垄断分配的挤压。

居民消费能力趋弱

居民收入占 GDP 比例的高低，决定了其消费的支付能力。而投资与消费之间有着密切的关联，"投资→生产→分配→投资或者消费→购买生产的产品和服务"是一个循环。

从改革开放以来看,居民收入占 GDP 的比例是下降的:从 1983 年最高的 62.80%,降低到 2011 年的 41.73%。而居民消费占 GDP 的比例,同时也从 1982 年最高时的 54.46%,降低到了 2010 年最低的 35.21%,2013 年略有上升,为 37.48%。

居民收入占 GDP 曲线和居民消费占 GDP 的曲线,具有高度的相关性。也就是说,居民收入在 GDP 中分配比例的下降,是居民消费在 GDP 中比例收缩的最重要的原因。

迟富林等学者认为,中国到了从投资和出口导向的经济增长,向消费导向的经济增长模式转型的时候了。虽然,2009 年中央财政对农民进行家电、农机具等消费补贴刺激,后来对城市居民也进行家电消费的补贴,但是从大数据看,效果非常有限。最为重要的是,国民收入分配结构中居民分配得较少,政府和资本分配过多,形成的基础设施和产品,没有居民足够的购买力平衡,是需求疲软、生产过剩、经济增长放慢的重要成因之一。因此,不解决居民的收入基础问题,想刺激消费,等于谋求无源之水。

社会零售消费品总额的增长幅度,从 2008 年的 22.72%,下降到了 2014 年的 12%,2015 年,更有可能下降到 10%,

幅度达 10 多个百分点。这与 21 世纪以来政府银行国企在国民收入流程上越来越挤压居民分配，居民消费能力相对不足有关。

利润被挤压和债务高风险迫使投资增速下行

非国有经济收入占国民收入比例的高低，同样也影响着民营经济投资的水平。非国有实体经济，其净利润分配在国民收入分配中的持续下降，说明政府，特别是地方政府众多的机构和庞大的行政事业及协编、临编和合同工供养人员，包括社会保险金巨额的缺口，再加上地方政府扩张和攀比性建设的需要，所赖以运转的高土地供给成本、过头税收、高工资比例社会保险金，以及繁多的收费和罚款，长期侵蚀非国有实体经济的净利润，再加上银行的高利率，非国有实体经济遭到重创，投资意愿也日益下降，在 2014 年表现尤为显著。

2008 年，全球金融危机爆发，中国为了刺激经济增长，出台了 4 万亿元投资的经济扩张计划，2009 年，人民币贷款和外币贷款规模达到 10.5 万亿元人民币。其两个严重的后果是：①由于中国货币不是国际货币，扩张几乎全部流入国内经济，导致后来地价、房价和消费价格的快速上涨；②地方政府和国有企业利用这次经济刺激，从金融体系借了大量的债务，使GDP负债率急剧上升，而国有企业的资产负债率指标也恶化，还进一步加剧了全社会向高利贷格局发展，金融体系的风险越来越大。

非国有实体经济投资意愿在下降

非国有实体经济除了个体和私营经济外，还包括国有及银行以外的非国有控股的有限责任、股份有限等经济，从近几年对这些经济的调查看，其扩张投资的意愿在下降。主要是下面四个方面的原因所致。

第一，税费负担持续增加，侵蚀了商户和企业的利润。这两年政府正在进行营业税转增值税，以及提高规模以下小型企业税收起征点的改革，国务院也再三下达给企业清费的文件，但是，根据中国企业家调查系统在2014年的调查，在税收方面，认为税收负担"基本未变"的企业经营者占60.1%，"有所增加"或"明显增加"的占29.9%，"有所减少"或"明显减少"的占10%。关于企业非税费用的变化情况，认为2014年以来非税费用"基本未变"的企业经营者占52.5%，"有所增加"

或"明显增加"的占 34.3%,"有所减少"或"明显减少"的占 13.2%。

从 2010—2014 年,非国有实业经济净利润不仅没有增长,还从 57 565 亿元下降到了 42 901 亿元。其净利润实际上通过政府的过度收税收费,加上银行的高利率,转移成了政府的税费收入和银行超额利润。

上述数据说明,即使在中央政府减税清费意愿非常强烈的情况下,这样的减轻企业负担的大政方针,在地方总体上并没有被执行,并且还在恶化。究其原因,主要是地方四级政府运转没有正规和大额的税收所保障,行政事业机构太多和人员庞大,协编临编人员越来越多,加上公务员、事业人员和协编临编人员工资社保的增长,形成了最大限度收税,以及许多政府部门和事业单位收费罚款、收支两条线、超收奖励和罚款分成的运行体制,地方已经形成了向商户和企业千方百计收费罚款的强有力机制,各类国务院的文件也已经难以撼动。

第二,企业融资的高利率,已经重创实业。①银行方面,从民营经济的银行融资看,大型企业的贷款利率及其他收费一般需要 12%,中型企业一般在 16%~18%,小微型企业在 20%~25%。尽管中央政府三令五申要求银行贷款向中小企业倾斜，并降低利率，但实际上大多数银行机构并不听政令，或者明降暗升，除了不断上浮的贷款利率，抵押物、担保费、咨询费、强行搭售理财产品等五花八门的要求也让企业不堪重负。②多家在香港上市的小贷公司，其平均贷款利率高达20%。③近年兴起的网贷，在2014年一季度时，平均利率20%以上，11月虽然下降为16%。仍然远高于实体经济的平均利润率。④民间借贷方面，根据2014年5月29日西南财经大学中国家庭金融调查与研究中心发布的《中国家庭金融调查》报告显示，民间有息借出资金规模在7 500亿元，全国范围看，民间借贷利率为23.5%。

国民经济高利贷化，已经严重干扰了中央货币政策的有效性。资本无法流动到实业，而是被抽到了以钱赚钱的渠道，即使国家降息降准，钱还是跑到了银行表外，通过信托、租赁、理财、小贷公司放高利。通过降息降准扩大到流动性中的钱又变成了高利贷，降息降准对实体经济的作用已经非常有限。

第三，体制环境仍然不利于民营经济的发展。在世界银行对189个经济体2013年6月至2014年6月全球营商环境的评估中，包括营商环境便利度、开办企业、办理施工许可、获得电力、登记产权、获得信贷、保护少数投资者、纳税、跨境贸易、执行合同和办理破产，中国内地排第 90 位，其中"办理施工许可证"在全球排名倒数第 11 位。"开办企业"一项，虽然中国政府进行了大刀阔斧的改革，从 2014 年的 151 名升至 128 名，但在通常要求的所有手续中，完成这些手续所需的时间和费用，以及最低实缴资本等方面，仍然是排在后面的国家。如果反腐松懈，体制不能向负面清单管理彻底转轨，对行政权力的约束监督制度建设不能配套，创业投资建设经营环境恶化可能会复归。中国的营商环境并不乐观。

第四，创业者和企业家们对产权保护、司法体制能否清廉公正、未来所有制走势等，不甚明确，缺乏信任和安全感，也是国内投资实体经济意愿下降的重要原因。如恶法和司法腐败，随意侵扰和吞噬企业资产，通过抽逃注册资金为罪等这样的恶法条款，加上公检法等机构可以在此类案件中提成和拍卖资产创收，地方政府也可以通过拍卖其资产获得政府罚没收入；甚至有的官商勾结、徇私舞弊，通过司法途径将正当企业的资产拍卖转移给利益相关的侵吞者，使一些民营企业家投资和经营有恐慌和不安感。还有许多民营企业家，感觉这个社会总归要"打富豪、分财产"，没有资产的安全感，最好还是"见好就收，小富则隐,转移国外"。一大批民营企业家已经移民、停业和向外转移资产,许多民营企业家还在观望,犹豫不定,一有风吹草动,便可转移资金。

金融高风险与政府国企投资再难重振

有的学者认为,消费主导推动力度不够,特别是经济下行期,更要政府主导投资于交通、新能源、水利和其他基础设施等,包括加大国有企业的投资力度,来拉动经济增长。但是,特别需要指出,一是 2008 年年底实施的投资扩张政策,造成了 2009 年开始的地价、房价和消费物价的过快上涨;二是借债投资使得政府、国企和房地产商的资产负债率提高,经济下行和土地财政的收缩,使还款的违约风险加大,银行坏账率也上升。如果再将 2008 年年底的大规模投资来一轮,可能会引起金融体系的剧烈动荡。

政府债务

截至 2013 年 6 月底,全国各级政府负有偿还责任的债务是 206 988.65 亿元,负有担保责任的债务是 29 256.49 亿元,可能承担一定救助责任的债务是 66 504.56 亿元。即使不算 2015 年增加的债务，目前外汇储备负债计算在央行资产表上，如果算在财政资产负债表上，加上 2014 年 9 月末 3.89 万亿美元，合人民币 24.12 万亿元人民币。虽然国家审计局核查地方政府借债截至 2013 年 6 月为 10.88 万亿元。但是，渣打银行大中华区研究主管王志浩透露，截至 2013 年上半年末，该行测算的中国地方政府债务估计在 21.9 万亿元，如果加上公司化的地方政府融资平台的贷款，则债务总额最高或达 24.4 万亿元。2014 年 11 月 20 日报道的标普的分析暗示，31 个被调查的中国地方政府债中，15 个应评为"垃圾级"。

未来地方政府难以有足够的还款能力，将形成债务严重违约和展期格局。①土地出让金收入是地方政府融资还款的主要基础，但是住宅严重过剩，住宅用地市场火爆不再。从 2014 年 10 月土地供求情况看，全国 300 个城市共推出土地 2 279 宗，环比减少 14%，同比减少 42%；成交面积 4 801 万平方米，环比减少 35%，同比减少 63%；土地出让金总额为 1 317 亿元，环比减少 8%，同比减少 56%。② 2014 年由于经济形势下行，加上近几年的营业税改增值税，营改增的增量部分向中央财政集中，地方政府的税收收入增幅下滑，一些地方甚至出现了发放公务员和事业单位人员工资都困难的局面，更谈不上顾及对本级政府以往债务的还本付息，只能等中央银行再一次核销，或者中央财政出资相救。

企业负债率

企业的高负债也影响到整个金融体系的稳定。中国非金融企业整体负债率已经处于过高水平，企业负债占 GDP 的比例高达 105%，不仅高于日本、美国、意大利，甚至接近于英国、法国的水平。2013 年发布的一份研究报告表明，中国 500 强企业资产负债率平均高达 84%，远高于发达国家大企业 50%~70% 的平均水平。国际货币基金组织 2013 年 4 月也指出，中国市值最大的前 10% 上市公司全球资产负债率较 2003 年上涨 10%，是整体上涨幅度中间值的两倍。其中，工业、原材料、公共建设和房地产等行业上涨最快。2014 年三季度末，钢协会员企业平均资产负债率高达 72%，银行贷款总额超过 1.3 万亿元；中国铁路总公司资产总计 5.45 万亿元，负债率超过 64.77%。2014 年前三季度，45 家上市房企的平均负债率为 74.56%，中小房地产企业负债率达 80%。

银行不良资产

2014 年四季度不良贷款余额为 8 277 亿元，不良贷款率从 9

月底的 1.16% 升至 1.23%。东方资产管理公司依据相关模型的测算结果显示，2015 年四个季度的不良贷款余额分别为 8 973.21 亿元、9 715.73 亿元、10 506.57 亿元和 11 347.37 亿元，不良率分别为 1.29%、1.36%、1.44% 和 1.52%。在不良贷款压力大增的情况下，一些银行采取了一些延缓措施，对一些"准风险"或风险项目继续提供信贷支持，延缓风险暴露，这在客观上加大了信贷风险程度。有学者认为，商业银行账面不良率"低估"和"大幅低估"实际信贷风险的受访者明显增多，其原因在于关注类、次级贷款的账面风险与实际风险偏差较大。

经济增长下行的国民收入挤压力流程

从需求方面看，国民经济的增长是由投资、消费和出口三大需求拉动的。从流程上看，需求需要支出，支出需要收入作为基础，而生产形成供给；供给从形式上讲，实际是收入法形成的 GDP。因此，"……→商品和服务生产者→商品和服务供给→形成在企业、银行、居民和政府间分配的收入→投资和消费支出→商品和服务生产者的收入→……"是一个循环的流程。

中国这几年的经济增长速度除了受到人口"未富先老、未强先衰"和城市化"青出老回、未化先滞"的影响外,从体制及其运行看,国民收入流向政府银行国企部门相对越来越多,流向城乡居民和非国有实体经济相对越来越少,向后者流动的国民收入比例受到了前三个部门逐年的排挤。

行政事业机构和人员的膨胀,需要更多的国民收入;而更多的国民收入,需要更多的税收、费项和罚款;而收上来的更多的国民收入,又促使行政事业机构和人员的膨胀。形成恶性循环。虽然已经提上改革议程,但是我认为,直到现在也没有形成真正的"人民—人大—税收—预算—行政机构人员规模"之间现代和有效的审议、批准和监督体制。

而金融体系的高利润,实际上是从居民低存款利率和实体经济高贷款利率中获利的,也就是从居民收入和实体经济中吸取了相当部分国民收入。其后果是,实体经济的利润被转移,民营经济对实业,特别是制造业的升级换代等投资的意愿大大下降。造成高利贷经济泛滥,制造业等实体经济萎缩的局面。

税费负担过重,用地成本过高,社保工资等用工成本上升,房价高企,一方面,这些方式越来越多地使行政和事业部门再分配企业和居民的收入,不仅机构人员膨胀,而且"三公消费"也有了财源；另一方面，企业的利润被过分挤压，城乡居民的消费能力相对较低，特别是一些房奴等，其消费更是被挤压到最低水平。

国民收入这样的流程，造成相互关联的国民经济运行后果：①在外部出口需求降低时，无法由国内需求来平衡国内制造业的生产能力和供给，发生了产能过剩与内需之间的不平衡；②国有企业投资，包括一些民营经济的投资，由于居民收入部分相对被挤压，其形成的生产能力，也即供给，无法由居民需求所消化，发生了投资与消费需求的不平衡；③由于住宅供给过剩和城市化的"未化先滞"，加上制造业回落和中小企业不景气，土地财政和税费收入的增长空间受到影响，而前几年政府借债、国有企业负债率上升、产能过剩，给金融体系积累了巨大的风险，杠杆方式的投资已经了受到极大的限制，重启政府再如2008年年底投资拉动经济增长的空间缩小。

上述收入流程及投资与消费等经济运行的扭曲和不畅，必然使消费和投资景气，即需求活力受到影响；而沉重的税费利息等负担，则使国民经济的创业、创新、投资、经营等方面的活力，又受到重创和压抑。这样扭曲的国民收入流程，导致了经济增长速度的持续放缓。

宏观调控：从需求侧管理转向供给侧管理

我认为必须从以下几个方面做出转变：第一，由需求侧管理转向供给侧管理。需求侧管理是说，经济萧条了财政就扩大赤字，经济膨胀了财政就收缩赤字。货币政策从需求管理来看，就是经济萎缩了就扩大信贷规模，通货膨胀了就收缩信贷规模，这是需求侧的管理办法。供给侧管理是说，西方有一个供给学派，它提出要减税，减税扩大生产、刺激创业、发展小微企业、增加制造业的利润、增加就业、增加收入。这是两个方面，鼓励创业，中小老板就多，中等收入者就增加；增加就业，有工资收入的人就增加。增加收入就能刺激消费，而增加消费还有几个连带作用：第一是调整投资和消费的结构，第二是提高居民在国民收入分配中的比例。另外，需求和供给可以良性互动，因为生产出来的东西有需求才会购买，光投资建厂生产出产品，最后没有就业，特别是一些大的项目，就业人数少，却造出很多产品，最后国内消费需求萎缩，只能出口，不能形成良性循环。所以我觉得这是一个转型。

第二个宏观调控的根本性转变，就是要从总量调控转向结构调控。总量调控就是我们调控财政发债规模、货币政策中的存款准备金率以及贷款的行政指标控制,这些都是总量控制,但问题是总量调控往往在调控严厉的时候首先受影响的是制造业和小微企业的贷款,一旦压缩贷款就是保国压民、保大压小、保政府压社会,这样将导致就业情况恶化。而贷款增加的时候,可能更多的是增加到政府项目、大企业大资本和国有项目上,这些项目对就业的增加不显著。所以总量控制有一定问题,宏观调控必须转到结构方面。比如放贷款的时候要注意放到一些能增加就业的地方,财政政策的设计重点要放在解决就业和居民消费上,而不是其他支出。

第三,要从以货币政策为主转向以财政政策为主。从2015年来看,货币政策收缩是不可能的,但是放得太开就会导致通货膨胀,货币政策只能是微调放松,不能大放松。所以现在主要起宏观调控作用的只能是财政政策。

第四,财政政策要从以扩大支出和增加财政收入为主转向以减税清费为主。实际上,从当前的经济运行来看,整个宏观调控模式需要发生根本性的转变。我认为,中国最适宜的还是供给学派的思路,就是减税,也就是刚才说到的供给侧的解决办法。从中国目前的经济问题来看,供给侧的思路是正确的。从经济学角度来看,最早的时候没有宏观经济学,到20世纪二三十年代大萧条时期，凯恩斯才建立了宏观经济学，建立了完美的理论和模型，这个理论管了大概 20~30 年，罗斯福因此实施了新政。但是罗斯福实施的政策给美国以及欧洲国家带来了滞胀，甚至到 20 世纪 70 年代的时候依然给许多发达国家造成很大问题，即"两高一低"：高失业率、高通货膨胀率、低增长率。从 2014 年的状况来看，我们国家是"三高"，即高增长率、高失业率、高通胀率，表面看起来我们和西方遇到的情况差不多，但实际上也遇到了滞胀问题。当年，里根、撒切尔夫人都采纳了供给学派的意见，就是通过减税刺激工作的积极性、增加劳动的投入。除此之外，我觉得更大的意义还在于，通过减税增加要素的投入、扩大生产、增加就业、发展小微企业等。

以供给侧结构性改革推动"十三五"转型升级

迟福林　中国（海南）改革发展研究院院长

最近，供给侧结构性改革成为各方热议的话题。从实践看，我国向以服务业为主体的经济结构转型升级面临着一系列政策性、体制性的结构性矛盾，有需求端的问题，更有供给侧的问题。比如电信领域，由于全球市场的开放，我国电信业这些年年均增长都在20%以上。从另一个侧面来看，我国有需求无供给的矛盾比较突出。以老年人消费为例，我国开始进入老龄化社会，老年人的养老消费至少有1万亿元的潜在需求，但年实际消费大约只有2 000亿元，供给侧的结构性矛盾问题相当突出。这就需要解决政策性、体制性的结构性矛盾，使得供给和消费需求相适应，实现供给和需求的动态平衡。

我国经济进入工业化中后期，无论是增长的趋势、结构，还是动力均呈现出与以往不同的新变化，增长、转型、改革高度融合的特点突出。这需要从经济转型升级的趋势出发，谋划好、把握好经济增长的路径选择，以转型改革释放巨大的内需潜力，实现经济转型升级的实质性破题和经济的可持续增长。

"十三五"经济转型升级的基本趋势

"十三五"是我国现代化进程中的关键五年，历史性转型的特点十分突出。"十三五"前一两年，经济下行压力与结构调整去产能化的矛盾困难将会有所增大。如果能抓住机遇，加快转型升级，不仅能缓解或者化解矛盾，更重要的是通过转型升级引领经济结构上一个新台阶，为全面建成小康社会的新目标奠定坚实基础。

基本形成以服务业为主体的产业结构

"十三五"期间我国服务业发展空间巨大。与印度、俄罗斯等金砖国家相比，我国服务业占 GDP 的比重要低 10 个百分点左右；与发达国家相比，低 20 个百分点以上；与进入工业化中后期的实际需求相比，至少相差 5 个百分点以上。在这个起点上，"十三五"期间我国服务业将呈现较快的发展势头，有望至少年均增长 1.2~1.5 个百分点。

服务业不仅速度在增长，结构也在发生重要变化。从规模看，"十三五"期间服务业增加值占 GDP 的比重将明显提升，到 2020 年我国服务业占比将由现在的 52% 左右提升到 58% 左右，有可能接近 60%，由此我国将基本形成以服务业为主体的产业结构；从结构看，与制造业转型升级相适应，以研发、金融、物流等为重点的生产性服务业占 GDP 的比重将从现在的 15% 左右提升至 2020 年的 30% 左右。

以服务业发展推动制造业转型升级。应当看到，以服务业为主体是新阶段实现制造业强国的战略选择。第一，我国的制造业大而不强，制造业人均产值只等于发达国家的 1/3，主要原因在于以研发为重点的生产性服务业比重严重偏低。第二，从发展趋势看，制造业转型升级主要依靠以研发为重点的生产性服务业，这是个基本规律。第三，形成以现代服务业为主体的产业结构不是不要工业，恰恰是工业转型升级的客观需求。

以服务业为主体的产业结构将引领经济新常态。有数据显示，2008 年 GDP 每增长 1 个百分点，新增就业能达到 70 万~80 万人；而 2013 年 GDP 每增长 1 个百分点，新增就业能达到 150 万人左右。也就是说，就业问题既和速度相关联，也和产业结构相关联，以服务业为主体的产业结构将是解决我国就业问题的主要载体。

基本形成户籍人口城镇化的新格局

推进规模城镇化向人口城镇化转型。释放新需求、创造新供给的一个重要载体是人口城镇化。按照十八届五中全会加快提高"十三五"期间户籍人口城镇化率的要求，深化户籍制度改革、加快推动城乡基本公共服务均等化，"十三五"期间户籍人口城镇化有可能每年以不低于 2 个百分点的速度提升。估计到 2020 年，我国规模城镇化率将有可能超过 60%，户籍人口城镇化率将由 2014 年的 36.6% 提高到 50% 左右。其中，关键是"让农民工成为历史"。

户籍制度改革要有新思路。十八届五中全会建议中有两个提法特别重要：一是深化户籍制度改革；二是实施居住证制度。深化户籍制度改革要推进三方面重要转变：第一，由对人口的控制向对人口的服务与管理转变；第二，由城乡两元户籍制度向居住证制度的转变，实施居住证制度，就是不再分城市和农村户籍；第三，人口管理将由治安部门的管理向人口服务部门的管理转变。

基本形成消费主导的经济增长新格局

"十三五"期间我国将实现由物质型消费为主向服务型消费为主的转变。目前，我国城镇居民进行物质型消费的比重为60%，估计服务型消费支出的比重将由现在的40个百分点增长到2020年50个百分点左右，甚至会超过50%，一些发达地区将达到60%以上。有机构预测，到2020年我国健康服务型消费将高达14万亿~16万亿人民币。健康服务业将成为"十三五"期间增长速度最快、发展潜力最大的产业之一。

"十三五"期间我国消费规模将呈现较快的增长趋势。据统计，2015年10月社会消费品零售总额增长11.0%，高于GDP 3~4个百分点。估计"十三五"期间，我国社会消费品零售总额增长仍保持高于GDP 2~3个百分点的速度增长，平均将会达到10%左右，最低也能保持8%以上。

"十三五"时期消费对经济增长的贡献率将明显提升。2015年前三季度，消费对经济增长的贡献率达到58.4%，估计"十三五"期间，消费对经济增长的贡献率将保持在60%~65%。消费将成为拉动经济增长的主要推动力。

消费结构变化为经济增长带来内生动力。经济学界有人认为消费只是生产的目的，不可能成为拉动增长的动力。应当看到，消费确实是生产的目的，但是现实生活中消费的确已经成为拉动经济增长的动力。以吃饭为例，随着温饱问题的基本解决，人们开始吃营养、吃特色、吃环境，由此为经济发展提供新的动力来源，并引发经济结构服务化的重大变化。

基本形成以服务贸易为重点的对外开放新格局

经济转型升级对服务贸易依赖性明显增强。以服务贸易为重点的新一轮全球化方兴未艾。"十三五"如果能在以服务贸易为重点的双向市场开放上有所突破，不仅关系到国内经济结构升级，还关系到我国在新一轮全球自由贸易进程中扮演的重要角色。

以服务贸易为重点加快国内自贸区建设。目前，国内 4 个自贸区在实施负面清单管理中取得了明显成效。在新一轮全球化过程中，自贸区的使命是以服务贸易开放为重要目标。例如，4 个自贸区共用的 122 项负面清单中，有 80 余项针对服务业。在新一轮全球自由贸易进程中适应国内经济转型升级的需求，需要国内 4 个自贸区在服务贸易上实现重大突破，为全国提供可复制、可推广的重要实践经验。

以服务贸易为重点推进双边、多边、区域性、全球性自由贸易进程。适应快速上升的全球服务贸易需求，有序推进服务业市场双向开放，打破发达国家服务贸易出口管制，成为扩大服务贸易、加快自由贸易进程的重大任务。第一，把提高服务贸易比重作为"十三五"对外开放的重大任务。制定"十三五"服务贸易发展目标，使其总额增长到 1 万亿美元，占外贸比重提高到 20%。第二，把加快服务业开放作为双边、多边自由贸易的重点，加快与"一带一路"沿线国家或地区商建自由贸易区网络，扩大双边和区域服务贸易协定，打破对我国的服务贸易壁垒。第三，大力发展服务外包，推动服务业企业"走出去"。第四，推动中国与欧盟自贸区的可行性研究，争取"十三五"前两年中欧双边自贸区建设实现新突破。

"十三五"结构性改革的重点任务

结构性改革的首要任务是服务业市场的开放

有效供给不足的突出瓶颈是服务业市场开放严重滞后。随着服务型消费需求的全面快速增长，服务业市场开放滞后的矛盾凸显。当前服务业市场大致是"三低一高"：市场化程度低，

50%以上的服务部门都存在各种形式的行政或市场垄断现象；对外开放程度低，虽然自贸区在服务业扩大开放方面走在全国前列，但是对服务贸易的限制仍比较多；服务化程度低，如规模房地产发展的速度相当快，但服务性房地产的雏形尚未出现；价格高，例如2014年我国的宽带平均上网速度全球排在第75位，但平均1兆每秒的接入费用却是发达国家的3~5倍。

服务业市场的开放既是市场化改革的"重头戏"，又是释放改革红利的重要来源。"十三五"发挥市场在资源配置中的决定性作用，突出矛盾在服务业领域，这就需要尽快打破服务业市场的行政垄断与市场垄断，全面放开竞争性领域服务市场价格，以形成统一开放、公平竞争的市场体系；这就需要推进服务业准入的便利化改革，使社会资本成为现代服务业发展的主体。

服务业市场开放牵动影响"十三五"转型发展的全局。发展现代服务业行动的关键是尽快制定"十三五"服务业市场开放行动计划。要使消费对经济增长的贡献明显加大，需要通过服务业市场开放，扩大服务供给能力；要形成服务业为主体的产业结构，需要通过服务业市场开放，形成有效投资；要形成服务贸易为重点的开放型经济新格局，需要有序扩大服务业对外开放，并通过服务业市场的双向开放，加快双边、多边自由贸易进程。

服务业市场开放的重点任务包括：第一，放开服务业价格的管制。第二，打破服务业领域的行政垄断，通过市场竞争降低成本、提高效率、做大蛋糕。第三，服务业领域对社会资本全面开放。第四，加大政府购买公共服务的力度。

深化金融体制改革

当前，金融结构、金融体制与经济转型升级、实体经济发展、创新创业不相适应的矛盾越来越突出。为此，需在如下方面努力：第一，加快银行业的结构转型，与创新创业相适应，发展民间资本为主体的各类中小民营银行。第二，加快推出资本市场注册制，充分发挥资本市场支持实体经济的重大作用。第三，完善金融监管，推进金融监管从分业监管到混业监管的转型。第四，人民币加入SDR（国际货币基金组织特别提款权）一篮子货币后，如何实现金融业双向开放将成为金融结构和金融体制改革的新课题。

深化财税体制改革

在实体经济下行压力增大的特定背景下，需要深化财税体制改革，建立健全有利于转变经济发展方式、形成全国统一市场、促进社会公平正义的现代财政制度。第一，增大基本公共服务支出，建立更加公平、更可持续的社会保障制度，不仅是全面建设小康社会的要求，也是释放新需求的重要条件。第二，加大对中小企业的减税力度，对服务业领域推行定向减税。第三，加快完成"营改增"，破题消费税改革，使消费税成为地方主体税种。第四，理顺中央与地方财税关系，比如国税、地税的合并是大势所趋，条件已经成熟，建议尽快启动。

推进教育结构改革

现代服务业发展与现有人力资源结构不匹配的矛盾比较突出。我国有一个数量型人口红利递减的问题，但也要看到，现在每年700多万的大学生就业问题已经成为就业市场的突出矛盾。教育结构对经济转型升级的人才供给、需求严重不相适应。为此，供给侧结构性改革需要把调整教育结构摆在突出位置。实现教育体制从考试型、封闭性、行政化向能力型、开放性、专业化的转变，成为结构性改革的重大任务。

以简政放权为重点的改革

激活市场、解放企业。解决好政府与企业的关系需要打通简政放权的"最后一公里"。第一，全面实施企业自主登记的实施条件已经成熟。第二，取消企业一般投资项目备案制。第三，不用或少用产业政策干预企业行为。第四，发挥企业家的作用，保护企业家，发挥企业家的积极性。

推进监管转型。第一，审批和监管相分离，改变以审批取代监管、谁审批、谁监管的传统模式。第二，实行统一监管，改变"九龙治水"与监管失灵。第三，放管结合需要加强市场监管，但不能以监管为名增加企业负担，这就需要加快推进监管体制由行政监管为主向法治化监管为主的转型。

把权力关进制度的笼子里。在全面实施负面清单管理的同时加强权力清单、责任清单管理，探索实行公共财政预算清单管理。

第四章

互联网＋

"互联网+"：连接普惠经济

马化腾　腾讯董事会主席兼首席执行官

今天"互联网+"一下成了社会和业界追捧的热词，这是我两年前始料未及的。腾讯当时已在这个方向上积极探索了。

2013年，我和马云、马明哲在上海一起推出众安保险时，就谈到了"互联网+"的实践。几天后的"WE大会"（Way to Evolve，进化方式）上，我再次提出"互联网+"是互联网未来发展的七个路标之一。

当时频繁提及"互联网+"，主要是想改变人们的一些固有看法。因为我们跟一些政府或传统行业的朋友交流时，发现他们很难理解我们在做什么。大家觉得，互联网是新经济、虚拟经济，跟自己所在的领域或传统行业没有太大关系，或是觉得互联网和传统行业存在冲突，是颠覆、取代、搞乱甚至对立的关系。

今天"互联网+"引发前所未有的热议，表明政府部门和各行各业对互联网的看法已有很大改变，甚至在某些领域，出现了虚炒"互联网+"概念的情况。

我一直认为，互联网不是万能的，但互联网将"连接一切"；不必神化"互联网+"，但"互联网+"会成长为未来的新生态。

随着移动互联网的兴起，越来越多的实体、个人、设备都连接在了一起。互联网已不再仅仅是虚拟经济，而是主体经济社会不可分割的一部分。经济社会的每一个细胞都需要与互联网相连，互联网与万物共生共存，这成为大趋势。

过去两年，我在各种场合提到较多的词可能就是"连接"。腾讯要做互联网的"连接器"，希望实现"连接一切"。连接，本身是互联网的基本属性。我们的QQ（一款即时通信软件）、微信，首先就是为了满足人与人的连接这个较基本的需求。现在，我们把人与服务、设备和内容源等连接起来，开始实现互联互动，虚拟与现实世界的边界已经模糊。

连接，是一切可能性的基础。未来，"互联网+"生态将构建在万物互联的基础之上。

"互联网+"生态，以互联网平台为基础，将利用信息通信技术（ICT）与各行各业的跨界融合，推动各行业优化、增长、创新、新生。在此过程中，新产品、新业务与新模式会层出不穷，彼此交融，最终呈现出一个"连接一切"（万物互联）的新生态。

"互联网+"与各行各业的关系，不是"减去"（替代），而是"+"（加）上。各行各业都有很深的产业基础和专业性，互联网在很多方面不能替代。

我经常用电能来打比方。现在的互联网很像带来第二次产业革命的电能。互联网不仅仅是一种工具，更是一种能力，一种新的DNA（脱氧核糖核酸），与各行各业结合之后，能够赋予后者以新的力量和再生的能力。如果我们错失互联网的使用，就好比第二次产业革命时代拒绝使用电能。

"互联网+"就像电能一样，把一种新的能力或DNA注入各行各业，使各行各业在新的环境中实现新生。比如，在互联网平台上，文学读者、影视观众、动漫爱好者、游戏玩家之间的界限变得越来越模糊。游戏、动漫、文学、影视也不再孤立发展，而是通过聚合粉丝情感的明星IP（知识产权）互相连接，共融共生。可以说，"互联网+"给各个传统文化娱乐领域带来了一种新生。腾讯提出"泛娱乐"战略，围绕明星IP打造粉丝经济，正是行业大势所趋。

"互联网+"是一种"寓大于小"的生态战略。在万物互联的新生态中，企业不再是社会经济活动的较小单位，个人才是社会经济活动的较小细胞。这使得传统企业的形态、边界正在发生变化，开放、灵活、"寓大于小"成为商业变革的趋势。

过去，企业自上而下地进行市场推广，现在则需要基于传感、数据去感知每个用户每个瞬间的位置、需求、行为，快速理解和响应每一个细胞的需求和行为，甚至和每一个不同的人进行情感交流，产生共鸣。

未来，如果一个企业不能通过"互联网+"，实现与个体用户的"细胞级连接"，就如同一个生命体的神经末端麻木，肢体脱节，必将面临生存挑战。

借用"信息熵"的概念来说，"互联网+"生态中，实现连接的层级单位越小，熵就越低，商业活动、社会经济的耗费就越少，效率就越高，确定性就越强，有序程度就越高，生态体系也越有活力。反之亦然。

"互联网+"代表着以人为本、人人受益的普惠经济。局部、碎片、个体的价值和活力，在"互联网+"时代将得到前所未有的重视。万物互联和信息爆炸带来的不是人的淹没，其实恰恰是人的凸显，每个人的个性更加容易被识别，消费者更灵活地参与到个性化产品和服务中去，实现以人为本、连接到人、服务于人、人人受益。

普惠经济也是一种集约型经济、绿色经济、共享经济，它能高效对接供需资源，提升闲置资源利用率，实现节能环保。例如，"互联网+"在拼车、房屋互换、二手交易、家政服务等领域创新迭出，以"滴滴专车"为代表的共享经济正在井喷式发展，这为优化利用社会闲置资源、实现绿色环保、解决现代城市难题带来了新的思路。

腾讯参与"互联网+"生态的方式，主要是开放协作，跨界融合。张小龙说："微信是一个森林，而不是一座宫殿。"我很认同。最近两年，腾讯对自己的业务做了大量减法，聚焦在较为核心的通信社交平台、内容游戏等业务上，其他则交给合作伙伴。这是几年来我们历经痛苦得出的结论，我们会坚定地做所有创业者较好的合作伙伴。我喜欢"自留半条命"这个说法，把另外半条命交给合作伙伴，这样才会形成一种生态。

腾讯的开放平台上，如今已有几百万合作伙伴，有数亿用户。很难讲今天的腾讯只是腾讯自己，企业正逐渐变成无边界的开放组织。

现在包括BAT（百度、阿里巴巴、腾讯）三家在内的生态公司都在往这方面努力，可谓英雄所见略同。腾讯早走一点儿，但只是早一点儿碰壁，早一点儿改而已。我相信大家都会走向开放。不管是数据开放、云平台还是提供连接，我们都想把更多的信息孤岛连接到各自的生态体系，让更多传统行业在这个体系中共生、发展，让各自生态体系里的用户获得更高的生活品质。这是良性竞争，看谁做得更好，生态体系的黏性、用户量就会更多。

经济领域之外，"互联网+"在公共服务领域的运用空间也相当广阔。例如，微信公众号平台可以聚合多项民生服务功能于一体，把政府服务大厅建在智能手机上，这将推动中国服务型政府以及"智慧城市"的建设。

2015年4月中旬，腾讯与上海市签订战略合作协议时，有位政府官员在交流时提出，"互联网+"代表着未来，是一种全新的生活方式、生产方式，甚至是社会形态变化的一种趋势。我觉得这种说法很有道理，"互联网+"确有无限想象空间。

"互联网+"会成为未来经济社会的起跑线。摩尔定律与梅特卡夫定律，这两个指数型增长的效应叠加在一起会发生什么？

"互联网+"可能带来大量"弯道超车"的机会以及被超越的风险。例如，互联网正在成为中国包容性增长的动力，对于发展相对落后的农村地区和中西部地区，"互联网+"带来了跨越式发展的可能性。

在更广阔的国际竞争中，我们看到资源禀赋不同的各个国家，正重新聚集在"互联网+"这个起跑线上较量：发达国家希望继续抢占优势生态位，而发展中国家则希望借此实现弯道超车。时下大家热议的德国工业4.0和美国先进制造，都将互联网视为一个重要的基础和创新引擎。

回头看我们国家，工信部这个机构设置里，为什么把工业和信息产业放在一起管理？战略意义其实也早已明确。

2015年，在全国"两会"上，我再次提了"互联网+"的建议。很快，李克强总理在《政府工作报告》中首倡"互联网+"概念，正式提出"制定'互联网+'行动计划"。对于在互联网行业一线工作十几年的人来说，这无疑是一个很大的振奋。

今天，在"互联网+"的起跑线面前，不仅我们互联网行业从业者，还有各行各业乃至整个国家，都需要把握难得的机遇窗口，做出至关重要的反应。

移动互联网的 10 个关键点

马化腾　腾讯董事会主席兼首席执行官

将一切人、物、钱、服务都连接

这两年,移动互联网手机成为人的一个电子器官的延伸这个特征越来越明显,借由摄像头、感应器,人的器官延伸增强了,而且通过互联网连在一起了,这是前所未有的。不仅是人和人之间连接,未来人和设备、设备和设备之间,甚至人和服务之间都有可能产生连接,微信公众号是人和服务连接的一个尝试。所以说 PC(个人电脑)互联网、无线互联网,甚至物联网等,都是不同阶段、不同侧面的一种说法,这也是我们未来谈论一切变化的基础。

统计移动互联网的使用时间,现在人除了睡觉,几乎 16 个小时跟它在一起,比 PC 端多出 10 倍以上的使用时间。这里的空间无比巨大。从 2013 年 7 月起，PC 的服务时间已经开始低于手机上的服务时间，不管是原有的 QQ、门户网站、微博、搜索引擎，包括 360 软件，这一年来已经 10 倍增长了，这一年已经开始超越，甚至有 70% 多的流量是来自移动互联网终端，但来自移动互联网终端的收入，全行业看应该不超过 10%~20%，它的商业模式还不清晰，但时长多了 10 倍。

移动互联网不只是延伸，而是颠覆

"互联网＋"创新涌现，"＋"是各种传统行业。"＋通信业"是最直接的，"＋媒体"已经开始颠覆，未来是"＋网络游戏""＋零售行业"。过去认为网购是电商很小的份额，而现在已经是不可逆转地走向颠覆实体的零售行业，还有现在最热的互联网金融。我认为，传统行业每一个细分领域的力量仍然是无比强大的，每个行业都可以把它变成工具，也会衍生出很多新的机会，这不是一个神奇的东西，是理所当然。

有人称之为改良，我觉得改良肯定不行，一定要有颠覆。为什么呢？因为只要在这个行业内用互联网的方式做，我就会称之为颠覆，你得在这个行业扎得很深。很多以前不起眼的企业,比如搜房网,不知不觉市值已经和新浪差不多了,搜房网几千人在不同的城市扎得很细。还有最近上市的58同城、没有上市的美团网,团购网站几千人,其实都要扎得很深,只不过用互联网的方式去做,本质上剥掉互联网的壳,还是传统行业。

未来10年现金和信用卡消失一半

要有开放的协作。有一本书《第三次工业革命》提到,未来各大组织架构将会走向一个分散合作的模式,有人说"大公司应该不存在了吧,中小企业不是更有效率?"我认为现在大公司的形态一定要转型,聚焦核心模块,其他模块和更有效率的中小企业分享合作。

未来互联网会使金融产生什么变化?第一,前不久平安保险集团马明哲的预测让人印象深刻:金融机构会小型化、社区化、智能化、多元化,因为大的网点已经很难经营了。第二,未来5~10年现金和信用卡会消失一半。第三,我们再大胆一点预测,20年内,银行或者是大部分银行营业网点的前台将消失,后台也将消失,保留中台(即服务,因为服务的核心是中台),前后都可以外包出去。就像苹果公司,它自己不生产手机,而是委托富士康做，成本只有68%。所以金融机构要生存下去，在逆差很低时，不得不把很多业务外包，从而生存下来。

每个企业要给自己多一个准备

坦白讲，微信这个产品如果没有出现在腾讯，而出现在另外一家公司，我们可能现在根本就挡不住。回过头来看，生死关头其实就是一两个月，那时候我们几个核心高管天天泡在产品上面，说这个怎么改，那个怎么改，在产品里调整。这再一次说明，在移动互联网时代，一个企业看似牢不可破，其实都存在大的危机，稍微把握不住趋势的话，就非常危险，之前积累的东西就可能灰飞烟灭。

我近期观察各行业和互联网的结合，有很多人说潮流来了，知道该怎么变，但是好像做不到。因为有时候会跟自己的既得利益，或者DNA不适应，其实坦白讲，10年以后再回头看到底能做什么、不能做什么，或者说现在应该改变什么，可能会有更清晰的认识，但现在往往是人在其中没有切肤之痛，就很难去放弃自己的一些利益。

怎么样能够给自己多一个准备？比如你开设一个另外的部

门、另外一个分支,调团队做些可能跟现在已经拥有的业务相矛盾的产品。因为如果你不做的话,对手或者说想抢你市场的对手一定会做。

当时微信推出来,手机 QQ 部门反对,因为他们也有一个团队在做类似的产品,只是看最后谁受欢迎,最后手机 QQ 的团队失败了,他们做出来的产品不好用。我记得无线业务部门做出来的东西不如广州研发中心做 QQ 邮箱的团队做得好,那时候中国移动正在广西、云南开会,数据部立刻打电话给 QQ 无线说,这个东西谁做都可以,腾讯做就不行,他们在别的地方可能要惩罚我们。

所以微信第一个版本没有做通信录匹配,当时中国联通说:你做了,就触红线了。后来市场竞争起来了,国内出现了好几家公司开始做类似产品,我说不行了,给我们惩罚也不管了,通信录要加入。

搞不懂年轻人,就搞不定产品服务

颠覆是让你之前的产品和服务受到很大的挑战,产品往往都是几乎一样的东西。看过去很多失败的案例,比如搜索,我们的团队就完全照着百度做，人家有什么我们有什么，就没有想到别的路径，而搜狗就很聪明，拼搜索拼不过就拼浏览器，浏览器靠什么带？靠输入法，输入法带浏览器，浏览器带搜索，迂回地走，走另外的路，就比我们做得好，人家花的钱是我们的 1/3，最后成效是我们的 2.5 倍。

我现在也开窍了，看到团队有什么想法，我们很鼓励，没准他抓住了未来的一个机会。现在很多新奇的玩意儿，我觉得自己老了，有些产品都看不懂了。美国的 Instagram（图片分享应用程序），我投了点股票，说起来很后悔，因为当时这个公司股票还不到一美元的时候没投，当时这个公司只有几个人，我们的副总裁说，这个公司不太靠谱吧，在靠近海边的一个玻璃房子里，外面都看得见，扔个砖头就可以把电脑全拿走了，创始人好像也挺高傲。但后来公司数据增长不错，我们是在他估值 8 亿美元的时候进入的。

它火在什么地方？ 12~18 岁的女性用户很喜欢，它的服务类似微信，但是不发消息，全部是分享照片，只有点开才能看，一截图，对方就会知道你在截图。这个软件会打感知截图的卖点。当时我们几个人试着玩了一玩，觉得好无聊啊。

后来投资调查指出，用户觉得这个应用没有压力，就是消费照片，拍好玩的照片，跟大家打招呼，表示自己的存在感，最后幸好是Facebook（脸谱网）把它收购了，要不然会面对很大挑战。在中国，这个需求其实是被微信的朋友圈满足了，需求很强烈，发图就可以，可以公开，也可以私密。

有时候，创新层出不穷，各行业都搞不清楚到底哪一个会冒出来。我越来越看不懂年轻人的喜好，这是最大的担忧。虽然我们干这行，却不理解以后互联网主流用户的使用习惯是什么。包括微信，没有人敢保证一个产品是永久不变的，因为人性就是要更新，即使你什么错都没有，也会错在太老了，一定要换。怎么样顺应潮流？是不是时常把自己品牌刷新一次？现在有些产品要问小孩，测试一下，他们会喜欢吗？他们的小伙伴会喜欢吗？他们比我们还看得准。

消费者参与决策：再发明一次会员卡

互联网把传统渠道不必要的环节、损耗效率的环节都去掉了，让服务商和消费者、生产制造商和消费者更加直接地对接在一块。消费者的喜好、感受快速地通过网络反馈，同时还代表着互联网精神，就是追求极致的产品体验、极致的用户口碑。

国内的小米手机、"雕爷牛腩"打造的就是一种SKU（库存量单位，单品）种数不多，但很精的模式，有大量的用户反馈，有自己的粉丝，消费者参与决策，对竞争力是如此重要。

现在O2O（线上到线下）这块，我们尝试用公众账号重新再发明一次会员卡，将所有商家的会员卡放到微信上。过去商家跟客户的联系是靠发会员卡或者是客户关系管理系统，那现在能不能放到微信、移动互联网上来管理？让商家跟用户直接沟通、互动，甚至还可以充值。

我们正在跟星巴克谈合作，星巴克用微信做会员卡，可以充值、储值，储值之后可以消费。星巴克能节省大量的发卡、传播成本，而且成为星巴克会员很容易。我们现在拓展B2C（商家对客户），比如当当网接入，买书的时候用微信支付就可以，在没有登录的状态下匿名访问当当网，可以扫微信登录，然后开通银行账号支付，收货地址也已经提前输入微信。这个形式适用于所有网站，这样的体验蛮创新的。用户买完东西之后，顺带订阅了这个账号，成为当当网的粉丝，物流的实时监测可以通过实时通信告诉用户，这是一个闭环的体验，却是开放式的。

线下的店也适用，现在不买没关系，加了店家的微信，售货员可以跟你慢慢谈，新货到了拍几张照片通过微信发给用户。未来希望给店家一个技术架构，让传统的零售商可以充分发挥店员的服务时间，通过手机继续维护客户群，远程就可以，不用来店里，可以给用户送货，或者给用户预留下来。用户看到这衣服不错，可以发朋友圈，点击就可以一键购买，这是结合传统零售行业来做微信产品。

数据成为资源：构建"人品排名"

数据成为企业竞争力和社会发展的一个重要资源，电商的数据可以转向金融、用户信用、商家信用、提供信贷等，这些都是大数据在后面起作用。包括社交网络平台，对于一个用户的信用会产生什么影响？设想在不知道这个用户的情况下，根据他朋友的信用，通过算法来算出这个用户的信用。搜索引擎有一个算法是"Pagerank"（网页排名），根据每一个页面的调度指向来算出这个页面的值，并影响它的排序。

我们想象人的社交属性，是不是也可以形成一个信用排序和算法迭代的思路？以后大家可能会有一个"人品排名"，就是所谓的拼人品，这是一个前瞻性的研究。

微信里面有大量语音对话，如果后面有云端，可能就像婴儿还没有发育成熟的大脑，但如果能够存储这些信息，开始分析、理解人输入的语意、语音，软件不断地升级，在整个云计算的网络，是有可能从婴儿逐渐进化到 2 岁、3 岁、5 岁人类大脑的水平。这样的话，相当于你有什么问题，可以问公共的智能大脑，以后的搜索引擎可能就不是这种传统搜索，人可以跟它沟通，会有一个庞大的云助理帮助你。

在深圳华大基因生物公司，我听到了一个挺震撼的想法，他们用 BT+IT（生物技术＋信息技术）的技术，用大数据的方式，将每个人测出来的基因数据全部存储，尽量多地测上千万人的数据。他们的理论就是抛弃以前对医学的假设，全部用大数据来算，看病人的特征跟哪些数据吻合，哪一段基因出问题就拿治这一段的药去治。这个思路很开放。

巨人倒下，体温还是暖的

一年半前想象不到诺基亚会倒得这么快，2 000 亿欧元市值的公司最后低价将手机业务卖掉。这就是发生在我们身边血淋淋的案例。虽然我们摸到了 1 000 亿美元这个线，市值很高了，但其实很恐怖的，稍微没有跟上形势，可能分分钟会倒下，巨人倒下，体温还是暖的。

我们当时做了邮箱手机客户端，后来要做类似简版手机QQ的产品，怎么改呢？赶紧抽调团队三五个人，后端拿邮箱改造一下，微信就做出来了，一路下来，最后我们感觉跟发现新大陆一样。当时中国移动意见很大，工信部压力很大，我就问工信部：如果你能出一个命令禁止微信团体使用，那可以；我还有手机QQ，总不能全封掉吧。

如果能一声令下说会威胁运营商，这东西一律不准做，也可以。而手机QQ这么多年都存在，最后大家也都明白了，这是大势所趋。我们花了很多很多时间，到现在有的运营商想明白了，有的运营商还想不明白。

还没安稳多久，网易结合中国电信搞了易信，全网免流量，或者送流量。当年跟旺旺竞争，郭广昌说，你就把来往当成一个移动旺旺啊？我觉得这还是要跟他自己的淘宝用户、电子商务结合，定位于商家和买家之间，它很难成为一个消费体的沟通工具。过去PC时代已经完全沿着这样的路在走，15年后又再重演一次。

最终都抵挡不过潮流。不是我们做的话，也有国外的竞争者会做。运营商还担心什么？至少可以薄利多销，或者语音、短信完全免费，甚至在套餐里随便用，最主要是数据流量包经营，因为谁也离不开数据流量，做得好的话，每月消费并不会降，当然利润率不会那么高。未来运营商和很多服务提供商还有很多合作空间，软件硬件服务和通信服务可以连为一体，提供一个综合体验的服务，其实应该多想一想跨界合作，因为靠以前每一个细分领域去做，越来越不实用。

所有产品线都应该思考安全

行业开始从过去 PC、手机相对分隔的状况走向统一。最近我们把手机安全和 PC 安全整合在一块，放在移动互联网事业群（MIG）。在这背后，大家看到 MIG 做几次手术后，开始重塑核心使命，管理干部重新规划职责。在安全方面，整个都放在 MIG，也是为腾讯下一个 10 年移动互联网商业模式保驾护航。

不能有任何侥幸心理，让自己缓一缓，或者不去想，这个挑战大家要牢记在心中。所有的产品线都应该积极思考怎么样带动安全的份额，怎么样提升安全领域的专业能力和形象，这是大家永远要想的问题，否则永无宁日。

从很直观的感受来说，我们很希望整个管理干部团队的氛围是非常饥渴的。要解决这些问题，你真的要当成是自己家里的事情来做。如果说十几年过去了，很多同事加入企业时间也很长了，慢慢地"皮"了，那就应该主动积极地把位置让给下一代更主动积极的团队或干部上来带领团队。

移动互联不拼爹，只拼团队

有些业务做得不是太好，回头看不是资金或资源没有给够，很关键的问题还是团队精神。尤其是带团队的将帅相当重要，有时真的会有将帅无能累死三军的感觉，会让同事很失望，觉得公司为什么很多事情决策这么慢？

在传统行业会有资金密集型扭转的机会，但移动互联网基本不太可能，因为这个市场不是拼钱，也不是拼买流量，更多是拼团队。

我希望打破过去富二代的概念，希望大家成为闯二代、创二代，资源会给你，最终赢不赢一定取决于能不能做出精品，是不是 be the best（最好的）。过去很多业务摊得很大，其实 10 个都弱不如 1 个很强。否则一堆做不起来的东西，只能减分、分散精力。要下决心，做不好的我们要砍掉，关停并转。有些业务，以前自己做，现在可能会转给投资公司，只要他做得好，都可以转给他，不一定全部都放在自己手上。

我们 2014 年招聘了 1 000 多名毕业生，总人数增长控制在 10% 以内，2015 年增长控制在 5% 以内。人不是越多越好，人是分母，成绩是分子，每一个精心挑选的人才能真正大于原有的平均值 1，否则加得再多也永远小于 1，永远大不过 1 的格局是很难扭转的。

互联网时代，如何创新商业模式

张瑞敏　海尔集团董事局主席兼首席执行官

没有成功的企业，只有时代的企业

所谓成功的企业，是因为踏准了时代的节拍，但是不可能永远踏准时代的节拍，因为我们是人，不是神。企业就像冲浪者，今天冲上这个浪尖，并不能保证明天还在浪尖上。举一个例子，在手机行业，摩托罗拉曾是老大，但它很快被诺基亚超越，原因就在于时代的变化，摩托罗拉是模拟时代的霸主，而诺基亚抓住了数码时代的机遇。但是，诺基亚很快又被苹果所超越，因为苹果抓住了互联网时代的机遇。所以说，如果你跟不上时代，就会被淘汰，这是非常快的。特别是在互联网时代，我觉得这会是彻底的颠覆。

有 200 年传统的管理也会被互联网所击碎，因为 200 年传统管理理论的基石是亚当·斯密的分工理论,《国富论》"论分工"一章里面谈到了小作坊如何变成现代企业。三位古典管理先驱的思想即源于此:第一位是泰勒,科学管理理论的提出者,生产线就源于科学管理理论;第二位是组织理论之父马克斯·韦伯,他提出了科层制,也叫作官僚制,现在大家还在用;第三位是法约尔,他提出了一般管理理论,一般管理理论就是企业内部各种职能的应用以适应外部的市场。

现在到了互联网时代,这些理论我认为都被颠覆了。首先第一个原因是零距离:企业和用户之间是零距离,从原来企业大规模制造变成大规模定制,所以生产线要改变;第二个原因是去中心化:互联网时代每个人都是中心,没有中心,没有领导,因此科层制也需要被改变;第三个原因是分布式管理:全球的资源我都可以利用,全球就是我的人力资源部。可见,原来那些一般管理理论,在今天并不适用,这一切都给我们带来非常大的变化。

古希腊哲学家赫拉克利特曾说"人不能两次踏入同一条河流",原因在于这条河流流得太快,而时代就是这么一条川流不息的河流,这也是海尔一定要改变的一个很重要的原因。

海尔在商业模式创新中的探索试错

马歇尔教授在10年以前到海尔的时候，就听到我说要进行这种改变，但是他当时说：如果你改变成了，你可能是全世界很好的企业，但是我认为你改变不成，因为这个颠覆的力度太大了。其实这也是我们搞了这么多年但到今天还没有搞成的一个很重要的原因。我们现在正在探索改变，我主要讲三点：第一是战略的改变，第二是组织结构的改变，第三是薪酬的改变。

第一，战略：转型为以用户为中心的人单合一双赢模式。过去，所有企业都是以企业自身为中心，但是这在互联网时代改变了，必须以用户为中心，我们为了适应以用户为中心，提出了"人单合一双赢理论"的战略，人就是员工，单是用户资源，把每个员工和用户资源连在一起。所谓"双赢"是为用户创造价值的同时体现员工的自身价值。这难在什么地方？难就难在让员工找到他的用户。管理大师德鲁克说过，所有企业都要问自己几个问题，第一个问题是你的客户是谁？第二个问题是为客户创造的价值是什么？让企业里的每一个员工找到自己的客户，难度可想而知。

现在我们把原来的组织结构颠覆了，原来是金字塔式，最底层的员工上面有很多领导,很难自主做出决策。现在把他们解放了,只要有创意,只要能找到自己的用户,就可以自己创业,最底层的员工可以自己创业。

这里举一个例子,我们有三个年轻人,都是20多岁,他们发现在市场里有一个机遇,就是笔记本电脑中的游戏本,用游戏本的很多是发烧友,他们对游戏本有很多意见,有很多专业的要求,这三个年轻人在网上找了3万多条意见,然后把这3万多条意见归纳成13类问题,由此创造了一个新的游戏本。其他资源在社会上就有,包括设计资源、研发资源、制造资源,只要你有用户,其他人都会来为你制造,所以他们自己注册了一个商标叫"雷神",这是比较游戏化的一个东西,资源也是社会化的,用了半年时间,从零开始发展成为游戏本这个行业里的前列。

就这三个年轻人,给他们的权力是什么?第一是决策权,第二是用人权,第三是分配权,就是薪酬权。这三个权力他们都有,所以他们就可以把这个产品做起来。已经有一些风投进来给他们投资,我们想把它完全市场化。现在有很多员工也想自己创办公司,我们经常召开创客大会,所谓的创客大会就是让社会上的风投进来,评估你这个项目可以不可以。这样就相当于把原来的组织打破了。我们现在的理念叫"我的用户我创造，我的超值我分享"，如果这个员工自己找到了用户，那就可以为这个用户创造价值，而创造出来的价值有员工自己的一部分。

现在我们的企业提出"企业即人，人即企业"，每个创业者都可以创造一个新的企业，这和传统的管理理论完全不一样。传统的管理理论包含三个要素，第一是管理的主体，第二是管理的客体，第三是管理的手段。管理的主体是管理者，管理的客体是被管理者，管理的手段是那些管理的模式、工具，而被管理者拿来管理被管理者，它就是一个封闭性的系统。但是现在我把它变成开放的系统，每个人都可以出来创业，这样，原来的组织就被颠覆掉了。

第二，组织：转型为可实现各方利益最大化的利益共同体。原来的企业组织是串联式的，现在变成并联式的。为什么要这么改变？美国企业史学者钱德勒有一种说法非常好，他说企业的成长主要依赖于两个变量，这两个变量决定企业的成长，第一个是战略，第二个是组织。而且他有个"从属理论"，就是战略从属于时代，战略根据时代的变化来设计，而组织又根据战略的变化来变化。我们的战略改变了，组织也要进行改变，过去的组织是串联式的，从企划到设计、营销，一直到最后的用户，企划与用户之间有很多传动轮，但这些传动轮并不知道用户在哪里，这是企业里的中间层。还有一些社会上的中间层，比如供应商、销售商，企业也要去打交道。总而言之，过去企业和用户之间离得很远，现在要把企业和用户连在一块儿，其他资源也为创造用户最佳需求，变成一个利益共同体。

利益共同体首先要求资源可以无障碍进入，你可以进来，但你必须能够创造用户资源，所有的合作方应该利益最大化。过去企业和供应方之间是博弈关系，比如采购材料，谁的材料便宜我用谁的，现在是谁能够参与我的前端设计，我就用谁的。比如钢铁厂，它也可以参与前端设计，我对我的产品非常清楚，但是用什么样的钢材我不如它清楚，它参与前端设计，可以给我提出更好的方案，这就是各方利益的最大化。有一句话说得非常好，就是"不管做什么事，如果不是参与方都得到利益，这件事就不会获得成功，即便成功也不能持久"。我们把博弈关系变成合作关系，而且不是固定的，谁做得好都可以参与进来。

改变之后，我们称为"外去中间商，内去隔热墙"，中间商没有用了，隔热墙就是中层管理者。查尔斯·汉迪说过，企业里面的中间层就是一群烤熟的鹅，他们没有什么神经，他们不会把市场的情况反映出来。所以我们近年来累计裁掉了近10万人，主要就是中间层，还有一些业务智能化之后，就不需要这么多人了。

第三，薪酬：转型为与本人所创超值相连的人单酬合一。战略和组织改变之后，能不能可持续优化，就在于薪酬。每个人的薪酬是怎么来的？过去我们采用的是全球通用的宽带薪酬，宽带薪酬也是一个非常著名的国际化大公司帮我们设计的，设计完之后，我们感到有很大的问题。因为宽带薪酬主要是依据每个人的职位、工作岗位计算的，换句话说，它是以工作岗位和工作时间来计算劳动报酬。现在我们将其变成两维点阵：一个横轴，一个纵轴，横轴是企业价值，所谓企业价值就是比较传统的因素，比如销售收入、利润、市场份额等，重要的是纵轴，纵轴的依据是梅特卡夫定律（Metcalfe's Law），这一定律提出了"网络价值"概念。网络价值的定义是什么？就是网络价值与网络规模的平方成正比。

网络规模的内容是什么？主要包含两个变量，第一个是网络的节点，第二个是联网的用户，我们把企业所有员工都变成网络的一个节点，节点要连接到市场上的用户，谁连接的用户更多，谁就可以获得更大的成就。所以在某种意义上，比如在市场上有销售收入、利润，但是没有联网的用户，那么这个销售收入和利润都不能成立。这是一个质的改变，每个人都必须连接到市场上的用户。

原来传统的360度考评，是很多国际化大公司普遍都在用的，上级、下级、同事都来考核你，但是我认为这在中国完全没有用，为什么？因为中国讲关系。比如我跟张三说"我给你打的分是很高的"，那张三肯定给我打很高的分，互相串通起来，360度考评就没有用了。现在我们变成用户直接考核。

过去我们360度考核也有一个很大的班子，但是我觉得这是事倍功半。现在是用户考核，用户说你好你就好。我们提出"按约送达，超时免单"，比如规定7点钟送达，如果超过7点送达，就不要钱了。钱谁出？谁造成的责任谁出，这个体系自动地就运转起来了。2013年我们送了78万单货，索赔的只有58单，不到万分之一，整个体系就这样运作起来了。我们提出，如果用户有点赞你可以受到嘉奖，如果用户对你提出投诉，你就要受到批评。

战略、组织和薪酬之后，目标是什么呢？就是企业的三化：第一是企业平台化，第二是员工创客化，第三是用户个性化。

第一，企业平台化。企业原来是什么？企业原来就是管控，管理和控制。现在的企业变成一个平台。对平台的定义非常多，我认同的是"平台是快速配置资源的框架"，所谓的平台应该是让很多资源可以马上到这个平台上来，其实就是变成一个生态圈，可以自循环的生态圈，这个生态圈是开放的。企业平台化，就是从原来封闭的企业变成开放的生态圈，这样就可以整合全球的资源来达成企业的目标。

第二，员工创客化。员工从被动的执行者变成主动的创业者，这和原来也是完全不一样的。

第三，用户个性化。在移动互联网时代，用户不是去购物，而是在购物，不是到商场去购物，而是在任何地方都可以购物。更重要的是用户自己就是一个中心，他可以成为一个发布者，可以把购物体验第一时间为全球直播，那么企业就必须以用户为中心。用户个性化就是满足每个用户个性化的需求。

从哲学角度上来讲，就像康德所说的，人是目的，不是工具。康德有句话说得非常好，无论是谁，无论在任何时候，你本人和所有人，都不能把你本人和所有人当成工具，因为人自身就是目的。所以，比方以前流水线是把人当成工具，现在就要真正以人为目的。

创新探索中需直面的悖论

美国《连线》杂志的创始主编凯文·凯利前一些日子到海尔做了一个演讲，我和他做了一个探讨。他说在互联网时代，传统的企业就像到了高峰一样，必须抛弃原来的思路，落到谷底，然后再爬到互联网这个新的高峰。我认为这很难，为什么呢？比如海尔，如果落到谷底，给工人开工资都没办法，我不能重新开张。但我如果只是维持原来的局面，修修补补，又爬不到互联网这个高峰。所以我们现在做的叫边破边立，破一部分，立一部分，以改变整个企业结构。

我们希望变成一个生态系统，就像刚才所讲的，每个员工都在创业，他就好像是一棵树，很多很多树就变成了森林。森林里面的树可能今天有生的，明天有死的，总体上来看，森林是生生不息的。中国企业跟美国企业最大的不同，是美国有创业机制，而中国的创业机制有很大的问题，所以我们希望我们的企业最后变成一个生态系统。

3 100年前的中国《易经》里有一句话："倾否，先否后喜。"否的意思就是封闭、闭塞，所谓倾否，就是说自我改变封闭的状态，变成开放的状态。倾否，而非否倾。否就是封闭了，封闭到最后就是自己窒息了，封闭到最后就是死亡。所以说，最好的办法就是自我颠覆，最后的结果是先否后喜：一开始是封闭的局面、闭塞的局面，但是经过很艰苦的工作，最后达到了欣喜的局面，达到了成功的局面。我希望我们所有的企业在互联网时代都能先否后喜，都能自我颠覆成功。

第五章

大众创业 万众创新

面对现实，回归常识

许小年　中欧国际工商学院经济学和金融学教授

所谓"面对现实，回归常识"，主要是我对宏观经济的一些判断和感觉，以及在这样的经济形势下，企业应该如何去应对。既然叫作"面对现实"，现实到底是什么？

中国经济未来五年低速增长

中国企业家们现在每天都要思考自己企业的经营问题，现实是比较严峻的，中国经济进入了新常态，这个新常态，各方面有不同的理解，我个人看法是在新常态下，中国经济将进入一个中低速增长的时期。

中低速增长也就是增长速度比过去要明显低下来，而这个增长速度的放慢既是周期性的，更是结构性的。我个人认为，主要是结构性的放慢。结构性调整的困难决定了我们经济的新常态将持续比较长的时间，这时间持续多久？财政部部长在最近的一次会议上讲，中国经济面临困难的形势可能要持续5年的时间。对于财政部部长的估计，我本人表示同意。

中国政府已无力采取大规模刺激政策

在这样经济增长速度放慢的情况下，新常态会持续比较长的时间，政府会采取什么样的对策？这是大家关心的焦点。我观察，在新常态的情况下，政府不愿意也无力采取大规模的刺激政策。我这样的观察是否准确，有待于进一步明确。但是我认为，不采取大规模的刺激政策，在当前的形势下，毫无疑问是正确的。原因后文会提到。

所以，现实就是经济进入新常态，增长速度放慢，而且放慢主要是结构性的。结构性调整的困难决定了新常态的长期性。政府不会出台大规模的刺激政策。这是我们面对的一个和过去不同的形势，这也是我们生活其中的现实。

在行业的层面上，我们观察到的是，过剩产能普遍存在，各个行业为过剩产能而苦恼，在过剩产能的压力下，没有其他办法，只有不断降低价格，试图保住自己的市场份额，而降低价格在宏观层面上显示的是生产者价格指数连续 30 多个月的负增长，在传统实体经济中，投资机会缺乏。所以，现在我们缺的不是钱，缺的是能够盈利的投资机会，这是另外一个现实。

再看企业层面，虽然经济增长速度在下滑，但是人工成本、资本价格、资金成本呈现出来的刚性并没有随着经济增长的下滑而降低。一方面经济疲软，另一方面成本出现刚性，换句话说就是企业的利润率受到了挤压。一些企业过去靠低成本扩张非常成功，而这种传统的经营模式不再适应市场，企业面临着严峻的挑战。

两个"中国模式"

造成这种现象的原因是多方面的。综合起来看是因为在 20 世纪 90 年代中后期，中国经济的增长模式发生了本质的转变。这个转变具体是什么？1978 年以来，我们国家经济的高速增长是依靠经济体制改革带来效率的提高而实现的。经济体制改革带来效率的提高，具体体现在由市场配置资源的方式比计划经济更加有效，资源从农业部门转到工业部门，从国有部门向效率更高的民营部门转移。即资源配置在市场价格信号的引导下，朝着更有效率的部门和行业转移，这带来了中国经济的增长。

另外还有激励机制的改变，其中特别突出的是一大群企业家在改革的大潮中出现，这些企业家为了提高企业的效率，千方百计寻找市场急需的产品，千方百计降低成本。他们在市场经济中有着强烈的提高效率驱动，远远超过国有企业的经营者。因为国有企业受到体制的限制，对效率的提高是不敏感的。

所以当我们谈"中国模式"的时候，我们混淆了一个概念，其实我们有两个"中国模式"，从 1978 年到 1990 年年末是一个"中国模式"，从 1990 年年末到现在是另外一个"中国模式"，我们经常把这两个"中国模式"混淆了，现在有必要区分一下。

从 1990 年年末到现在是什么模式？主要是依靠政府分配资源，刺激短期的需求拉动 GDP 的增长。现在中国模式主要是依靠借贷来实现的，政府发钱、支配资源、拉动经济的增长。政府的资源从哪里来？来自税收，来自国有银行扩张信用，政府的资源来自中央发行货币，主要是依靠这样一套方法来保持经济的高速增长。特别是 2008 年启动了 4 万亿刺激计划，更是第二阶段中国模式的典型代表。靠政府花钱，靠银行发放贷款，靠银行印钞票来拉动经济增长,跟前一个中国模式有本质上的区别。

这样一个靠政府拉动短期需求维持经济增长的"中国模式"是不可持续的。第一个"中国模式"和第二个"中国模式"的区别在于可持续性,如果依靠企业家的创造力、创新力提高效率,这个增长是可持续的。而依靠政府拉动增长,这是不可持续的。

有两个原因,第一,政府的资源再多也是有限的,而企业家的创造力是无限的,这是第一个"中国模式"和第二个"中国模式"的区别。第二,在经济学上叫作投资的边际效益递减规律。政府不断发钱,央行不断印钞票,虽然可以促进短期的经济增长,但是促进的作用越来越弱,就是经济学上的边际效益递减。政策作用同样存在着边际效益递减。

2008年我们曾有过4万亿刺激政策,2012年我们实际上执行的是"4万亿2.0"政策,"4万亿2.0"政策的效果就比"4万亿1.0"政策效果要差。本届政府也试着采用一些刺激性政策,结果发现效果不理想,所以,现在就停下来了。

政策的效用递减和我们吃东西、用药是一样的,一种药用多了,药力会不断衰减,我们叫作投资的效益递减或者政府政策的作用递减。因此，依靠政府投资拉动增长，短期可以见效，但是长期无法持续。

4万亿刺激计划带来的隐患和经济景气的前提条件

2008年，我们执行了4万亿刺激计划，结果一方面使得本来就已经产能过剩的各行各业又在执行过程中大幅增加了更多的产能。这是造成我们面临困难的一个原因。

另一方面，由于4万亿主要靠债务融资，结果形成了今天政府债务、银行坏账的问题，这是中国经济当前面临的一个很大隐患，这个隐患不清除，我们无法进入下一轮的增长。我认为，新一轮经济景气短期内不会到来，大家要做好长期的准备。

新一轮经济景气的前提条件有两个，第一个是清理过去积留下来的债务，中央政府已经采取措施了。2015年"两会"时，财政部宣布推出1万亿的长期债务置换计划，用长期债务置换地方政府已经到期的短期债务，说白了就是解决企业贷款展期的问题。2015年年初提出1万亿，年中加到2万亿，现在加到3万亿，这说明地方经济的债务问题比当初估计的还要严重。

这是中国经济的一大隐患，如果地方政府债务不清理就会转换为银行的坏账，银行的坏账正在上升，如果地方债务问题不解决，如果房地产市场价格下挫，银行坏账会快速上升。所以，要想实现经济新一轮可持续发展，我们必须把过去单纯依靠政府政策拉动经济增长所遗留下的问题清理掉，不清理掉就会变成中国经济增长的大包袱。

第二个前提是必须从政府拉动需求增长的模式回到1978年到1990年那种通过改革释放市场能量的增长模式。

这两个前提没有达到之前，我们还是新常态，还要在新常态下思考企业的经营。由于到目前为止，实质性的改革措施出台得不多，因此新常态可能会持续比较长的时间。在这样的情况下，企业怎么办？市场永远处于变化之中，企业必须求变，这就提出了企业转型的问题。

不仅国家经济要转型　　经济增长模式从单纯依靠政府短期政策措施转向基于市场，释放市场力量，发挥企业家的创造和创新精神，提高效率，走可持续增长的道路。企业也需要转型——首先要转变观念，转型的最大障碍在每个人的头脑中，是传统观念，是习惯性思维。这是最困难的。

企业转变观念：不以小为卑贱，不以小为低下

一个朋友告诉我，有一个企业家去以色列、德国、美国访问学习，我觉得非常有必要，第一要学人家的理念、人家的心态，其次才学商业模式，学技术、学产品。以色列的企业家创造能力如此之强，并不是犹太人比中国人聪明，其实中国人的智商不亚于世界上任何一个地区的人，中国人非常聪明，但有时候太聪明了，聪明过了就经常做蠢事。以色列企业家的创新精神和文化、宗教、社会、历史传统有很大的关系。德国缺少创新企业家，但有非常优秀的工业家，他们可以把汽车、设备、化工产品做到世界第一，但是他们缺乏以色列和美国硅谷那样的创新企业家，这也是和文化、历史分不开的。

我们可以去看、去学，但要想照抄他们的商业模式极为困难。你让美国人生产奔驰、宝马，他们也生产不出来，你让德国人生产特斯拉（美国生产的纯电动汽车），德国人也不行。所以，第一是要学人家的心态，学人家的理念。德国那么多的优秀中小企业手里都有独特的技术，在上百年的市场竞争中屹立不倒，就那么一个小铺子、小作坊，专心致志走下去，在一项技术上做到世界领先。我们问一问自己，我们有没有这样的心

态，有没有这样的定力，有没有这样的钻研精神？这是我在德国考察中小企业体会最深的。就是这种不以小为卑贱，不以小为低下的精神，这是一种内心的追求，他们认为把这件小事做好是非常有价值的，会为自己的小作坊感到骄傲，这样的精神是中国企业家缺乏的。

中国的企业家一说就是做大做强，把大放在强的前面，实际上强是一个陪衬，都想着大，没有人专心致志做强。现在有一句非常流行的话：只要你找准风口，猪也能飞。这是一个非常真实的写照。有一个学生问我：你怎么理解这句话？我觉得做企业不是找风口。宏观经济形势好，有好企业；宏观经济形势差，也有好企业。企业的经营不是跟着政策的大风扬帆起航，企业本来的任务就是无论刮风下雨都可以航行。企业转型之难第一难在我们的传统观念，即机会主义，企业转型之难第二难在我们传统商业模式的惯性，30多年高速发展，从短缺经济逐步过渡到过剩经济，在短缺时代什么都是现成的，在经济开始起飞时各项成本都很低，所以我们过去的商业模式非常成功，是低成本的扩张。那么,企业的能力是什么呢？就是整合资源。

我经常问我的学生：你的企业的核心竞争力到底是什么？在课堂上一半的人跟我说是资源整合。资源整合是什么意思？

在过去十几年，资源整合第一是政府资源，第二是银行资源。你所谓的资源整合不就是能从政府那拿到资源，从银行那拿到贷款吗？所谓的资源整合能力不就是拉关系的能力吗？这不叫核心竞争力。

传统的商业模式当中，要有良好的政府关系、敏锐的市场嗅觉等，但新常态下企业的关键能力在于创新能力。我们陷在传统的商业模式中不能自拔，总是习惯性地去寻找风口，认为过去的成功可以保证未来的顺利发展。现在已经不可能了，因为市场环境发生了根本的变化。

企业转型之难第三难是缺乏独立思考能力。有一种从众的习惯，别人做什么自己也做什么。长于模仿，短于创新。这是中国企业家的局限性，这和我们的传统文化有关系。我们的文化传统不鼓励独立思考，希望人们遵循集体规则，不管是显现的规则还是潜规则。我们的企业家带有这样的烙印，干什么都是一窝蜂而上。改革开放初期，在东南沿海一带你可以看到皮鞋之乡、服装之乡、打火机之乡，几个镇、几个县甚至只生产一类东西。

我到以色列去考察，以色列人跟我讲了个故事：一个犹太人开了一个加油站，生意很好，因为位置很好，来来往往的车辆都停在这里加油。另外一个人去了，他在加油站边上开了一个便利店。而如果换成中国人，一看加油站生意很火，可能会在街对面开另一个加油站，这就是中国人和犹太人的区别，我们经常是进行同行竞争而不是错位竞争。这就是不同文化背景企业家之间的差别。从改革开放初期我们就能观察到从众现象，直到执行4万亿计划的时候，仍然是这样，人人都投身风电、太阳能产业。国际上有句话是正确的：中国人生产什么，什么价格就跌；中国人买什么，什么价格就涨。为什么呢？因为中国人一生产不是几家企业生产，而是一窝蜂地生产，最终让那个产业产能过剩，大家都没什么钱好赚，当然这和政府政策也有很大关系。而最主要的就是企业家的仇恨心理，缺乏独立思考能力、缺乏创新，这是中国企业家的短板。

现在这样的情况下，我们要认识到经济的问题是什么，也要认识到转型的迫切性，最迫切的是我们观念的转变。要回归常识——回归价值创造的常识。不创造价值，就赚不到钱。你可以在网上忽悠一大堆粉丝，但是你如何把大量网站访问转化成信息，这才是关键。你可以拿风险投资的钱去补贴消费者，形成巨大的客户群，但是怎么从巨大的客户群赚钱，取决于你是否给他们创造了价值，不创造价值，即使赚到钱也无法持续。创造价值是赚钱的前提，这是一个常识。

中央银行印钞票不创造价值，因此它对经济没有什么帮助。我们无法把期望寄托在中央银行身上，降准降息没有关系。降准降息增加货币发行根本就不创造价值。炒股票也不创造价值，我们在股市上有赚钱的有赔钱的，赚钱的不必为此而高兴，赔钱的也不必为此而悲伤。所以我们不必看宏观政策，还是关注自己的企业，关注企业是如何创造价值的。另外，一个企业经营困难，总是把困难归结为融不到资金，这实际上是颠倒常识。不是因为融不到资金才经营不好，而是因为经营不好才融不到资金。金融机构不会把钱借给一个经营困难的企业。金融机构永远是锦上添花。雪中送炭要自己送，自己把手中炭的问题解决了，银行才能给你锦上添花。如果你在银行，你会把资金借给一个濒临倒闭的企业吗？你会把资金借给一个资金周转困难的企业吗？不会的，这是常识。所以不要怨天尤人，要回归到常识。企业家思考的问题应该是如何去创造价值。什么是价值创造？我认为有两个标准。

怎样才算价值创造？

第一个标准是你能开发出市场接受的新产品和服务，你就为客户、为市场、为社会创造了价值。别人没有做的产品你做出来了，你就创造价值了。过去没有苹果手机，现在苹果公司把它做出来了，苹果公司就是一个价值创造者。我们现在已经离不开微信了，过去没有微信，腾讯把它做出来了，腾讯也是价值创造者。这是能够为市场所接受的新的产品和服务，这就叫价值创造。

第二个价值创造的标准是你可以用更低的成本，从而以更低的价格向市场提供产品和服务。你做不出新产品没关系，你生产苹果产品的成本比别人低，这也叫价值创造。

那么创造价值和赚钱、利润是什么关系？赚钱未必创造价值，而创造价值必然要赚钱。如果你创造价值而未赚到钱，这只是短期的，从长期来看，你创造了价值，想不赚钱都很难。一些好的公司现在头疼的不是赚不到钱，而是赚了钱怎么花。只有价值创造，才能奠定可持续发展的基础。对于一些不创造价值的活动，不要寄予过高的期望，甚至可以忽视。比如，炒股票不是创造价值的事，起码不是企业家主要的任务所在。

P2P 不创造价值，很多 O2O 也不创造价值

我有个学生要做 P2P（互联网金融点对点借贷平台），我坚

决制止了他，我认为P2P不创造价值，甚至很多O2O也不创造价值，什么叫O2O？就是两边都是零，中间一个2，这就是O2O。需求这端不着边，供给也不着边，中间幻想一个百亿市值的公司，这就是O2O，我不是打击大家的积极性，是要让大家独立思考，思考自己的商业模式，思考自己在什么地方创造价值，在什么地方赚到钱，不要一窝蜂跟随潮流。

为什么说P2P不创造价值？因为P2P没有解决金融的关键问题——信用问题，信用的基础是什么？为什么这个企业申请贷款，我不敢给他，因为他的信用风险不好把握，这是什么意思？就是信息不对称，这家企业的经营状况我不清楚，他自己清楚，但又不会把真实的信息告诉我。这是金融最困难的地方，由于信息不对称，使得银行无法判断这些潜在客户的信用风险，这是金融的实质。

要想准确评估企业的信用风险，必须解决信息不对称的问题。P2P有没有解决信息不对称的问题？没有！P2P只是把企业和银行拉在一起，只是把借方和贷方拉到一起，最多相当于一个婚姻介绍所，把男女拉到一起，至于婚姻成不成，介绍所不管。

可是我们做金融的必须要关心能不能成，不是把借方、贷方拉到一起就完事了，还要关心他们能不能成，如果不能成，失败了就是坏账，就是损失。所以，做金融虽然像婚姻介绍所，但是对它的要求比婚姻介绍所高多了，要想确保贷款成功，你要想办法降低银行和企业之间的信息不对称，如果不能够在这方面做出贡献，你就没有创造价值，没有创造价值，哪怕你今天赚钱再多，也无法持续。因为你没有解决信息不对称的问题，所以连续出现坏账，坏账出现太多，你的平台信誉就垮掉了，那还做什么？就没法做了。很多做 P2P 的人根本不理解金融，他们不知道金融的要害是什么，做了一个网站，左边拉理财投资人，右边拉资金需求者，拉进来交易两天，甚至贴点儿息，热闹过了以后就垮了，因为坏账太多。

这说明什么？说明只要企业不创造价值，就没有一个能够活下去的商业模式，没有一个可靠的商业模式，创业就要失败。很多网络公司现在都在做网络金融，但并没有帮助金融机构克服信息不对称问题，有的根本没有数据，有的数据质量很低，不足以评判一个客户的信用风险，还需要其他数据才能够解决借方和贷方之间的信息不对称问题。

只有创造价值，解决商业中的核心问题，企业盈利才有基础，企业发展才有可持续性。

对手能学的，不是核心竞争力

如何创造价值？这要提到我们多次提过的企业核心竞争力，企业要思考的问题是如何建立和强化自己的核心竞争力，利用核心竞争力去创造价值，从而立足于可持续发展的基础之上。所谓的核心竞争力就是你独特的竞争优势。

核心竞争力不仅仅是你特有的竞争优势，而且还是竞争对手难以模仿的优势。核心竞争力是即使竞争对手看到了也没法模仿。比如手机，过去我们做简单产品的时候，如果手机麦克风不会做没关系，可以把其他做得好的麦克风产品拿来拆开再组装，照样可以做。这就不叫核心竞争力，或者说这个产品的技术壁垒太低。核心竞争力是技术壁垒非常高的优势。竞争对手不花个三五年，不投个千百万元上亿元的研发资金就没有办法模仿你，这才叫核心竞争力，或者说核心竞争力就是具有技术壁垒的技术产品或者商业模式的优势。

"没有金刚钻不揽瓷器活"

现在企业家要思考自己的核心竞争力到底是什么，在市场竞争中立足，凭的是什么。中国有句俗语：没有金刚钻不揽瓷器活。你的"金刚钻"是什么，要把这件事搞清楚。德国那么多的中小企业，不靠规模，不靠市场份额，不靠产品低售价，正好相反，这些中小企业的产品售价往往都偏高，因为生产批量小，成本高，他们靠的是"金刚钻"，有了这金刚钻在市场上就具有一定的不可替代性。

宝马公司有上千家协作厂家，为什么宝马自己不去做呢？因为它做得没有那些小企业做得好，它不具备小企业掌握的关键技术，所以它也认了，它不可能做所有的事，干脆外包出去。

我们的企业家要思考的不是把企业做大，而是做强做精，起码在一段时间内的市场上，具备不可替代性。企业不仅要获得订单，更重要的是要获得定价能力。

由于你的产品具有不可替代性，别人只能从你这儿买，你就获得了定价能力。一旦获得定价能力，就不怕成本提高，成本提高可以传递到终端用户那去。即使终端用户不高兴也没办法，因为他在市场上找不到比你更好的供应商。

强化核心竞争力的目的就是获得定价能力。在成本不断上升的情况下，可以把一部分成本的上升转移到终端用户，定价能力可以保护毛利率，可以让企业在竞争的环境中活下来，寻求发展。

当前我们的经济形势发生变化，企业要思考自己的核心竞争力是什么，如何围绕核心竞争力来构建商业模式，在市场上取得独特地位。

互联网不是神器

对于互联网，我是外行，但最近看了些案例，拜访了些企业，做了点研究。

对于互联网，我是一向倾向于"泼冷水"的，这可能跟性格有关，老扫人家兴。并不是不看重互联网，我认为互联网是非常有效的工具，但仅此而已，不要提高到思维的层面上。

互联网只是人类过去 200 年间，自工业革命以来诸多技术创新中的一项，不是最后一项，也不是终极的技术创新，将来还会有比互联网更厉害的技术出来。

对于企业来说，如何利用互联网降低成本，开发新的产品和新的服务，也就是如何利用互联网来创造价值才是最重要的。互联网只是企业转型的工具，不是神器。

从刚开始对互联网的漠视，转变为对互联网的盲目崇拜，好像不上网就死，上网就活。互联网思维产生的种种提法，大多数不是互联网特有的，是早就被人们总结出来的。有些提法甚至是错误的，比如单品海量。这不是互联网出现之后才有的新概念，单品海量实际上就是规模经济效应，是我们早就知道的了。除了单品海量以外，还有另外一种商业模式同样可以成功，那就是多品微量，多品微量照样可以利用互联网成功。

现在把互联网带来的一切变化绝对化了，神圣化了。其他很多提法，"客户体验第一""找到痛点""快"等，这都是商业常识，跟互联网没什么关系。现在常说产品做到极致、客户体验极致，"极致"就是个错误的提法，在商业经济中，我们不提极致，只提效益和成本的平衡更合适。任何产品品质和客户体验的提高都是有成本的，把品质做到极致，也就意味着成本上升到极致，这是损害客户利益的。因此，我们的思维方式不应该是做到极致，而应该是做到效益和成本的平衡，这就可以了。

有些提法是商业常识，没有什么新颖之处。在互联网出现之后，这些原理的表现形式更加鲜明和突出，但是互联网没有改变经济学原理，没有改变商业的本质，只是提高了商业的效率。

前文讲的互联网金融，从本质上来说还是金融，互联网只不过使我们克服信息不对称的成本下降，互联网只不过让我们更好地控制信用风险，但是互联网并没有改变信息不对称，这是金融业的常识。

搞经济不能靠群众运动

在互联网金融中，互联网是定语，主语是金融。本质是金融，不是互联网。电商的本质是商，不是电，电商的本质是零售业，不是互联网。搞企业、经济的发展是不能靠群众运动的。凡是市场上流行起来的群众运动式的口号，我们要保持高度的警惕，要经过自己的思考才能接受。

传统行业的商业本质没有因互联网而改变，必须遵循传统行业的商业原则和规矩，在这个基础之上，再来考虑互联网的应用，而不是有了互联网就把商业和金融的本质颠覆了。

当然，最后的结论是每个企业自己思考，自己做出判断，而判断分析就是用经济学中的成本效益的分析方法。

我想强调的是，这个世界上没有成功的秘诀，也没有必胜的法则。猫有猫道，鼠有鼠道，你是老鼠就把老鼠的道做精，不要左顾右盼，看猫吃得多好；你是猫，就把猫道做好，世界上最悲惨的事儿是猫做了鼠道，鼠做了猫道。自己要有独立思考的能力，自己要有定力，自己要有内心的世界，做企业不是为了在社会上出人头地，不是比同班同学赚钱多，比过去的同事住的房子更大，不是比邻居更加富裕显赫，做企业是为了自己内心的追求。

只有内心的追求，才能支撑我们进行独立思考，才能支持我们进行创新。

公司与中国现代化进程

陈志武　美国耶鲁大学管理学院终身教授

20世纪初,美国著名经济学家、哥伦比亚大学校长巴特勒(Nicholas Murray Butler)是这样总结"公司"制度的意义的,他说:"股份有限责任公司是近代人类历史中一项最重要的发明;如果没有它,连蒸汽机、电力技术发明的重要性也得大打折扣。"其实,比他还早的中国晚清改良主义思想家薛福成就在《论公司不举之病》中这样评论公司的重要性:

"西洋诸国,开物成务,往往有萃千万人之力,而尚虞其薄且弱者,则合通国之力以为之。于是有鸠集公司之一法。官绅商民,各随贫富为买股多寡。利害相共,故人无异心,上下相维,故举无败事。由是纠众智以为智,众能以为能,众财以为财。其端始于工商,其究可赞造化。尽其能事,移山可也,填海可也,驱驾风电、制御水火,亦可也⋯⋯西洋诸国,所以横绝四海，莫之能御者，其不以此也哉？"

薛福成认识到，西方之所以强大，在于他们有汇集大量资本、"集中力量办大事"、分散创业风险的方式，也即公司。薛福成不仅对公司的力量进行了形象而准确的描述，而且将公司的作用与国家的命运联系在一起。他曾说道："公司不举，则工商之业无一能振；工商之业不振，则中国终不可以富，不可以强。"

公司力量之源

既然股份有限公司的力量这么大，那么它力量的源泉在何处？现代公司可以理解为：不同的利益主体依照契约关系，根据经济利益最大化的目标所自愿组成的金融共同体，或说是众多契约关系的集合体，是基于非人格化法律的人造组织体。与传统的家族企业相比，现代公司最为重要的特征在于其显性契约关系，以及由此衍生出来的法人治理结构。公司法人从自然人的属性中独立出来，形成了与自然人平等的独立人格，独立人格又呼唤出有限责任，其能力和生命力可以远超任何自然人。

从历史的角度看，早期公司的出现与海外贸易息息相关，而海外贸易的特殊经营模式和高风险性决定了投资人仅能承担有限责任，否则出资人无法出资。发展到近现代，任何公司都有投融资的内在要求，而有限责任是保证这一要求得以实现的有效途径。试想：如果出资人的责任是无限的，如果责任是一代代往下传的，有几个人还敢冒险投资、做外部被动出资人？独立的法人人格、有限的责任承担使得公司具有了旺盛的生命力，能在极为广泛的范围融资发展，较之传统的家族企业则可以更为有效地积累和创造财富。这就是公司的力量之源。

现代公司出现在工业革命之前的16、17世纪，但只有到工业革命前后才真正全面发展，并加速了工业革命的进程。两者之间是相互影响、相互依存的关系。可以说，我们今天熟悉的现代公司是工业革命的产物，也就是说，如果没有工业革命带来的规模化生产、规模化商业，现代公司所带来的广泛集资与广泛分摊风险的优势，可能像机关枪打蚂蚁得不偿失，用不着；而如果没有现代公司的融资与风险分摊优势，工业革命的进程又会大打折扣，说不定到现在还没有出现。

但是，处在工业革命时代之前的亚当·斯密在《国富论》中对股份公司，尤其是证券交易表现出强烈的怀疑态度，原因在于其所处的特定历史背景。在斯密于18世纪写书的期间，英国刚刚经历了 1720 年的南海股市泡沫危机，公众自然将股份公司与泡沫经济相提并论，并且普遍产生了一定的抵触情绪。斯密生前没有想到，股份有限制度和资本市场给后来的美国乃至世界带来了长久的繁荣。

关于这种认知上的局限，19 世纪的学者也雷同，他们在那时也无法正确评价公司制度与相应资本市场的总体利弊，因为现代公司的生命力只有到了 20 世纪，特别是近 30 年，才完全展示出来。20 世纪之前的先哲难以正确评价基于股份有限公司的资本市场，他们对资本主义社会的利弊评价也难以全面客观。

1929—1933 年的大危机对于现代公司，尤其对股票市场是一个里程碑。1929 年美国股市泡沫到达顶峰后突然崩盘，公众开始质疑股灾的背后推手，像 19 世纪的学者那样怀疑资本市场的正面作用。美国国会也专门派人调查以小摩根为代表的投行与券商。美国国会调查的结果虽然没有找出股灾责任承担者，但却造就了 1933 年的《证券法》和 1934 年的《证券交易法》，由此形成了影响至今的证券监管法律体系。

这一法律体系中最为重要的制度安排就是对上市公司的强制性信息披露。关于公司财务报表、上市交易等重大事项的披露保障了公众的知情权，也确保了上市公司的审慎经营。因此，正是大危机带来了公众对上市公司的重新审视,也催生了美国现代证券市场的长期稳定,奠定了计算机时代、互联网时代所要求的现代公司架构,尽管这是一个伴随着大量法律与文化冲突的痛苦过程。不过,需要特别强调的是,这两部法案重新定义了公司制度、证券交易的规则,但并不是让政府的手插进民间经济事务的决策之中,不是由政府去干预经济。制定和维护规则是政府该做的,但这不等于政府代替企业、代替民间私权利。

现代公司与传统企业的区别

现代公司之所以不同于传统企业,有两点需要特别说明。

第一,传统企业一般是无限责任,而公司则是有限责任。也就是说,即使公司经营失败,股东的损失最多不超过已经注入公司的资本或者股本,以已投入的股本为止。这一点至关重要,是现代公司制度的核心原则之一。

因为这相当于把公司和股东在人格上、财务上、责任上进行隔离,让公司的钱独立于股东个人的钱,让公司的责任独立于股东个人的责任,公司的生命也就独立于股东个人的生命。

这种独立与隔离既保护了股东，让股东个人不至于受累于公司；也保护了公司，因为这样公司也不会受累于股东的债务和行为。

有限责任派生出在法律面前公司作为法人的身份，亦即公司跟自然人一样，享受法律的保护，既可以像自然人那样起诉其他法人或者自然人，也可以像自然人那样被诉。公司的这种独立的法律人格很重要，让公司可以有自己的章程和决策规则，按照自己的生命力无限地生存下去。相比之下，传统企业因为跟自然人捆绑在一起，没有独立的法律人格，其生命力往往是有限的，和创始人的自然人生命连在一起，或者顶多富不过三代。

而之所以在有限责任的隔离安排下，公司具有几乎无限的生命潜力，又在于它能独立地聘用职业经理人，实现管理权与所有权的分离。股东享有公司的财产权和收益权，但掌握公司经营权的可以是和股东没有任何血缘关系的职业经理人。这样，真正管理公司的人可以在很大范围内去招聘，不一定非要自己的子女不可，这就让公司更有可能找到最称职、最有能力的人来管理，因为股东自己的子女数量有限，虽然很靠得住，但能力不一定高。

也正因为有限责任以及上述派生出来的公司特点，使公司能在更加广泛的社会上融资，实现薛福成所讲的"官绅商民，各随贫富为买股多寡……上下相维，故举无败事。由是纠众智以为智，众能以为能，众财以为财"。试想，如果股东责任是无限的，除了可能赔掉全部股本外，自己的家产和子孙后代也要为潜在的负债付出，有谁会愿意入股一个由没有血缘关系的人创办、管理的企业呢？经营权跟所有权怎么能分离呢？又有谁敢雇用一个没有血缘关系的职业经理人呢？所以，有限责任是在广大社会范围内融集资金、分摊风险、给公司以无限生命、让经营权能与所有权分离的关键。

第二个差别在于传统企业的股权一般不能自由买卖交易，而股份有限责任公司的股份却可以在公司之外的自然人或者法人之间进行交易转让。这种存在于公司之外的股份交易市场又衍生出其他方面的差别。

其一是通过股票的市场交易定价，给掌握公司经营权的管理层进行决策评估。好的决策会受到投资者欢迎，其股价上涨，坏的公司决策会立即受到市场的惩罚。市场对管理层的纪律作用就这样产生，市场交易就成了公司决策以及其前景的晴雨表，在关键时刻会迫使管理层改变决策、纠正错误。相比之下，传统家族企业的股权因为没有被交易，也就没有被定价，即使管理者出现严重错误，也不见得有机制使其立即纠正。

其二，股权一旦能交易转让，特别是能很快买卖转让，就能反过来鼓励更多投资者提供资金，使公司的融资规模进一步上升，融资范围扩大，因为股东们不用担心资金会砸进去出不来。

其三，股权有了经常性的定价之后，也产生出一种新的商业模式，即通过创业办公司，将公司培养长大后卖掉公司的股权。以创办公司、卖股权赚钱致富，这反过来鼓励了社会的创业和创新，增添全社会的经济活力和创新活力。

公司在中国的"水土不服"

股份有限公司制度的优势自不用多说，可是，这一制度引入中国之后的经历又如何？

继轮船招商局于1872年成立之后，"仿西国公司之例"成为一种新潮，形成了一股"公司热"，很快出现了仁和保险公司、开平煤矿、上海电报局、机器织布局、平泉铜矿等10余家公司企业，以至于到1882年酝酿成中国历史上的第一次股市泡沫以及紧随而至的现代金融危机。

我们还是看看薛福成在《论公司不举之病》中的总结,他评论道:

"中国地博物阜,迥异诸国。前此善通有无者,有徽商,有晋商,有秦商,皆以忠实为体,勤俭为用,亦颇能创树规模,相嬗不变者数世;而于积寡为多,化小为大之术尚阙焉。迩者中外通商,颇仿西洋纠股之法,其经理获效者,则有轮船招商局,有水陆电报局,有开平煤矿局,有漠河金矿局。然较外洋公司之大者,不过什百之一耳。气不厚,势不雄,力不坚,未由转移全局。曩者沪上群商,亦尝汲汲以公司为徽志矣,贸然相招,孤注一掷,应手立败,甚且乾没人财,为饮博声妓之资,置本计于不顾,使天下之有余财者,相率以公司为畏途……中国公司所以无一举者,众志漓,章程舛,禁约弛,筹划疏也。四者俱不如人,由于风气之不开,风气不开,由于朝廷上之精神不注。"

薛福成跟同时期的知识分子一样,固然对公司制度在西方实际运作中的表现言过其实,因为即使到今天也并非没有西方公司出现欺诈的行为,否则就不会有金融危机了。在薛福成、郑观应、李鸿章、张之洞的时期,只有美国经济才是由股份有限公司唱主角,而在西欧的大陆国家虽然也有一些股份有限责任公司,但它们并非经济的主流,尽管后来的 20 世纪西方经济离不开这种商业组织形式的威力。

但是,薛福成的论述中谈到了一个核心问题,就是股份有限公司在中国的"水土不服"。为什么会水土不服?这当然有深层的制度原因。

第一,前面讲到,股份有限公司的核心特点是"有限责任",而是否能够真正保证"有限责任",不只是一个书面规定就能实现的制度安排,还得看相配的司法是否到位。正因为中国历史上的第一部《公司律》是1904年的事情,当初的轮船招商局、上海机器织布局等所谓的现代股份有限公司,实际上是没有法律支持的空中楼阁。甚至到今天的中国,"有限责任"也并不是一个可以自然假定能享受到的制度保障。

第二,与股份有限公司制度相配的是方方面面处理契约的诚信和委托代理关系的法律架构。这里涉及几方面的契约关系:一是不同股东之间的约定;二是股东与职业经理人之间的委托代理约定;三是公司跟其交易客户之间的约定。为了协调这些不同的契约关系、委托代理关系,就必须有相配的民法、合同法、商法执行架构。如果没有这些架构,所有那些关于有限责任、管理权与所有权的分离约定都是没有意义、没有真实内容的。而支持这些交易契约关系的法治架构又恰恰是传统中国所不具备的，所以，股份有限公司在中国的"水土不服"是必然的结果。

儒家文化对公司发展的制约

为什么中国没有支持股份有限公司的法治架构呢？在文化层面上，这涉及儒家的主张，涉及儒家重视血缘关系但轻视超越血缘网络的诚信架构建设。

也就是说，虽然那些经典文化经常涉及社会广泛诚信的议题，但由于儒家传统对血缘体系的过多偏重，使超越血缘、支持陌生人之间信用交易的制度架构没有机会发展。等到现代公司制度于19世纪引入中国时，中国还没有一套支持陌生人之间进行交易的法治架构。

人类自古以来就有人与人之间跨越时间、空间进行价值交易的需要，即金融交易的需要。特别是在远古时期，由于生产能力低下，一个人过了今天难以保证明天还能吃饱穿暖，所以，今天我收入多会给你一些，但今后你收入多、我收入少时，你要给我以回报。这种金融交易可以通过非正式契约实现，也可通过正式金融合同、证券来实现，股权交易就是一种跨时空的证券交易。

既然自古就有这种生存需要，那为什么西方发展出了正式、外部化的金融证券市场，而中国却没有呢？

我们可从交易安全、保证金融交易信用的制度架构角度来理解。虽然有人与人之间进行跨时空价值交易的需要，但是，如果没有一种保证契约执行的基础安排，人们会因为担心对方未来失信、违约而选择不参加交易。当然，今天我们熟悉现代法治和宪政，知道这些是保证契约权益的制度架构，但这些都是近现代在西方发展起来的东西，在远古是没有的。两三千年前，不同社会找到了不同的强化交易信用的解决方案，这些不同的解决方案也给后来的金融发展带来了不同的后果。

在中国，儒家的解决方案基于"三纲五常"的名分等级秩序以及相配的文化价值体系，其基础社会单位是基于血缘关系的家庭、家族。也就是说，儒家秩序的"硬性"基础是自然的血缘关系和家庭，"软性"基础是"三纲五常"价值体系。儒家文化的宗旨是通过把两者结合在一起，使家庭、家族成员间的金融交易或者经济互助有坚实的信用基础，将任何成员的违约风险、"不孝"风险降到最低。所谓"孝道"的意义亦即如此，通过强化对后代的儒家文化教育，使家庭、家族成为大家都能信得过的金融、物质与情感交易中心。

用科斯的交易成本理论来说，在外部市场还不存在或不发达的境况下，跟陌生人或没有血缘关系的人做交易，交易成本会太高，"失信"会太频繁。而如果在家族成员间做交易，特别是在儒家文化体系下，违约风险小，交易成本自然低。实际上，在外部交易环境不发达、外部交易成本太高的传统社会里，家庭子女越多、家族成员越众，家族内部交易所能达到的资源共享和风险分摊效果就会越好，该家族壮大下去的概率会越高。这就是为什么在传统中国家家都喜欢多生子，都喜欢成为望族，而且最好是四世同堂、五世同堂。在企业层面，绝大多数是家族企业，极少有超越血缘合伙而成的非家族企业。血浓于水，血缘等于诚信。

儒家的成功之处在于，在农业社会生产能力的局限下，人们的确能在经济交易和感情交流方面依赖家庭、家族。在那种境况下，以名分定义的等级制度虽然阉割人的个性自由和个人权利，但的确能简化交易结构，降低交易成本。就像印度的种姓等级制度一样，儒家文化体系让以农为主的中国社会存在了两千多年，它最适合农业社会。

但问题也出在此，因为当家庭、家族几乎是每个人唯一能依赖的经济互助、感情交易场所的时候,会让人们相信只有亲情、血缘关系才可靠,只和有血缘关系的人做跨时空的交易,即使创办企业也只在家族内集资。

我们说儒家文化抑商,其实这是儒家只认血缘亲情、排斥"家"之外的经济交易的一种社会哲学表现:一般的"商人"与自己没有血缘关系,怎么可以相信他?既然对没有血缘关系的商人不信任,不能跟他们做交换,这就又逼着人们越发靠"家"了,抑商反过来又强化了个人对"家"的依赖,没有别的路可走。

儒家文化长期主导中国社会必然会有两种后果。第一,相对于家族而言的外部市场难以有发展的机会。市场的特点之一是交易的非人格化,是跟陌生人的交易,是只讲价格、质量的好坏,而不必认亲情。因此,"家"之内的经济交易功能太强之后,外部市场就会失去发展的机会,此消彼长。

第二,由于陌生人之间的市场交易、利益交换机会有限,在这样的社会里,就没机会摸索发展出一套解决商业纠纷、执行并保护契约权益的外部制度架构,合同法、商法以及相关司法架构就无生长的土壤,没有机会发展。中国历代国家法典侧重刑法和行政,轻商法和民法,把商事、民事留给民间特别是家族、宗族自己去处理。当利益交易和民事范围主要以家族、宗族为界线时，生计与其他民事与其说是社会问题，还不如说是家庭、家族内的问题，所以中国历来有详细的家法宗法，而缺少国家层面的民法内容。

但是，超越家法宗法、不认人情的法律体系，偏偏又是现代股份有限公司制度所需要的，无论是前面讲到的"有限责任"，还是方方面面的委托代理契约，其特点都是超越血缘、超越亲情的非人格化契约交易，没有相配法律制度的保障，这些交易内容就没有意义。所以，过分地依赖"家"实现经济交易、感情交易的后果是人们很难相信血缘之外的关系，市场和商法、民法就没机会发展。于是，就有了薛福成描述的股份有限公司在中国的水土不服。

中国企业的公司化及现代化

1930年曾经有一位日本经济学家说，中国没有公司，只有工厂。我以前说，中国有财富，但即使到20世纪80年代也没有多少资本。到今天，中国的情况已经很不一样了，许多财富已被资本化，资本供给旺盛，股份有限公司有近千万家，注册一个股份有限公司已不是新闻，也不容易引起任何人的注意。

但是，就在 140 多年前的 1872 年 11 月，轮船招商局在上海成立时，作为第一家华商现代公司，那可是一件历史性事件。那件事除了标志着"中国人从此有了自己的蒸汽轮船了"，更重要的价值是它开启了中国企业组织或者说商业组织现代化的历程，开启了资本化的进程。这一历程是中国经济崛起、工业技术现代化的基础，也是中国现代化进程的晴雨表。

改革开放 30 多年来，中国企业的公司化、股份化进程取得了很大成就。譬如，四大国有银行上市，意义深远。因为经营业绩的依法披露，使得出资人、经营者都受到相应的约束，最终提升了银行和市场的效率。但国有企业改革还任重道远。

国有企业改革最为核心的问题在于国家从经营领域的退出，在于还产于民。为什么国家必须从拥有企业、拥有财产、经营企业的角色中退出来？因为国家对企业的所有者身份和市场经营活动两者存在巨大的矛盾：国家可以改变法律，也可以使用暴力。这种特殊身份决定了国家不应介入市场、不宜经商，也即传统的"官不与民争利"的说法。从这一点来看，中国的国企改革还应该进一步深化。当然，关键问题还是在于民营经济的发展，只有"民进国退"，才能实现发展方式的转变，才能启动国内市场，才能提升经济效率，也才能最终建设成基于法治的市场经济。

是"国进民退"还是"国退民进",其背后所反映的是经济自由度和创业自由度的高低。现在在中国,银行、电信、石油、能源等行业,民企还是不能进入,民营企业家没有办法进入这些行业发挥他们的聪明才智。尽管现在有一点儿变化,但是这种变化并没有改变主旋律。这就是一种赤裸裸的经济不自由、创业不自由。

有一些学者认为,只要是市场经济,就不存在国企、民企、私人企业的差别,因为整个经济只要是按照市场的供求关系、按照价格来决定资源配置的话,国企可以竞争,民企可以竞争,私人也可以竞争。但实际情况是这样的吗?如果是国企,背后的股东是可以重新立法、解释法律、改变游戏规则并解释游戏规则、执行游戏规则的国家和政府,那么它进入任何一个行业,之前或者之后,它的地位就超越和凌驾于其他企业,是国家的"亲儿子",而如果是民企,就不太可能跟它享受同样的权利。

中国企业组织或者商业组织的现代化最终离不开宪政改革,没有宪政改革就难有真正的法治,而没有真正的法治,就难有真正的现代股份有限公司,因为在这样的情况下支撑现代公司的契约集合体只能是空中楼阁。

市场的逻辑与企业家精神

张维迎　北京大学国家发展研究院经济学教授

人类追求幸福，通过什么方式呢？我总结有两种方式，一种方式是你要自己幸福，首先要让别人幸福；另一种方式是通过使别人不幸福而让自己变幸福。我们将前一种方式定义为市场的逻辑，后一种方式就是强盗的逻辑。这两种逻辑是人类有史以来就存在的，但是在过去和现在有很大的不同。人类漫长的历史当中，基本是强盗的逻辑占主导，到了近代，市场的逻辑才超越强盗的逻辑，成为人类追求幸福的主要方式。

近代以来，尽管市场的逻辑占主导，但我们仍然不时看到强盗的逻辑，包括德国和日本发动第二次世界大战，就是企图用强盗的逻辑使自己的国家变得富有。但是历史证明，近代以来，强盗的逻辑不可能真正胜利，真正胜利的是市场的逻辑。美国变得强大，英国在美国之前变得强大，靠的主要是市场的逻辑。而德国、日本想用强盗的逻辑变得强大，最后几乎让自己的国家毁灭了。第二次世界大战之后，为什么这两个国家又进入了世界上最先进、最发达的国家之列？因为它们是靠市场的逻辑，也就是生产出全世界人民喜欢使用的产品，这才变得富有了。中国过去的 30 多年，其实也是在利用市场的逻辑。

强盗逻辑和市场逻辑，既是人们追求幸福的一种方式，其实也是人们的一种思维方式，即使今天，我想仍然有许多人的思维是强盗逻辑的思维。大家也不要以为只有有能力当强盗的人，才会用强盗思维，实际上很多弱势者、被别人欺负的人，更可能习惯于强盗逻辑的思维。就如在我们中国有好多人看待国际关系问题，好比中美关系，如果美国得好处了，中国一定吃亏了，在经济上这叫零和博弈的概念。实际上这是一个政府博弈的概念，也就是所有人的财富都可以同时增加，而强盗逻辑才是零和博弈的概念，一部分人富有，另一部分变穷了。

市场的逻辑究竟是什么

市场究竟是什么？市场的逻辑究竟是什么？市场是一只

看不见的手，这是两百多年前亚当·斯密提的一个比喻，他最有名的书是《国富论》，后来人们总用"看不见的手"来总结市场。

这是什么意思呢？就是每个人追求自己的利益，但是好像有一只无形之手在影响着他，使得人的贡献比他自认为做的贡献还要大。在市场当中每个人都在谋取自己的利益，商人想赚钱，大学毕业生想找一个好的工作。那么，你怎么赚钱？就是要给消费者创造出他们喜欢的产品。你怎么能够找到好的工作？就是要为老板做出漂亮的业绩来，这样才有人雇用你。同样，大学要培养能够给社会带来价值的人才，这样，大学所培养的人最后在市场当中才有自己的位置。这就是所谓的看不见的手，或者隐形的手。

我们每时每刻做的事情，背后都有着隐形的眼睛在监视着我们，你做了坏事，它一定会记下来，你做了好事，它也会记下来。做了坏事一定会受到惩罚，做了好事一定会得到回报，这就是市场的声誉机制。一个人表现好，或者一个企业生产的产品质量高，就会得到许多人的信任，而如果你想靠坑蒙拐骗卖产品，市场早晚会惩罚你，以后没有人会买你的东西，消费者的惩罚会让你破产。所以做企业的人，一定要记住，市场本身就是一只隐形的眼睛。

我还有另外一句话，什么叫老板？老板就是找不到别人毛病的都是你的老板，这就是老板。什么是员工？只要别人没有发现他的毛病他就没有毛病。我们可以看到，任何一个企业，任何一个组织里面，一个员工只要按时上下班，老板没有发现错误，他就可以领工资，如果老板不给工资员工可以去法院起诉。但是如果一个老板没有利润，他没地方可告，他不能告消费者没有给他钱，消费者是完全自由的，爱给他多少钱就给他多少钱，这就是老板的本质，利润的本质。

理解了这一点，我们就真正能够理解，什么叫市场经济，我总结一下，市场是一只看不见的手，市场是一只隐形的眼睛，市场是一个责任制度。非常遗憾，现在许多流行的理论对市场的理解是完全错误的。

从人类的历史看，最早市场规模很小，就像一个乡村。我在农村的时候，村子里没有一个铁匠，为什么呢？因为村子太小，一个铁匠待一年也没有活干，所以10多个村子才有一个铁匠，他一年四季轮流在不同的地方干活才能养活自己。今天之所以城市发达，就是因为城市里面有很细的分工，去理发店，理发的人和洗头的人都不一样，这就是分工。经过分工，每一项工作自然可以做得更好,技术进步就是这样来的。

这个过程不是自然而然出现的,这依赖于企业家精神。熊彼特找出了"斯密—熊彼特增长模型"循环的核心力量,就是企业家,是企业家精神。在这个循环当中,每一步都离不开企业家,市场是企业家发现的,是需要企业家去创造的。

而分工本身也是企业家创造的,企业家每一步创新都在创造一种新的市场。比如,比尔·盖茨创造了一个产业,这个产业叫软件产业。比尔·盖茨之前没有软件产业,有计算机,有IBM(国际商业机器公司),软件和硬件是在一起的。比尔·盖茨创立了微软,创造了软件产业,现在软件成为一个巨大的产业。过去30多年计算机革命或信息技术革命的进步,就是不断创造新的产业。现在物流、网上电商交易,也是重要的产业。

技术进步本身是创新的结果,创新是什么?创新的东西有市场,有人为此埋单,这才叫真正的创新。创新之后,经济发展,人们生活质量提高,收入提高。怎么形成新的市场?这是企业家的工作。现在中国所谓的产能过剩是怎么回事?就是因为中国的企业家仍然没有把创造所得的新的财富变成新的市场,我们还在重复生产过去生产的那些东西。产能过剩并不是因为人们的需求完全饱和了，而是因为中国的企业家没有把财富变成新的市场，这就是今后中国企业家要面临的问题。

企业家做什么：从套利到创新

企业家做的事情就是套利，把原来没有效率的东西变得有效率，接下来，没利可套了，我们靠什么？我们要靠创新。创新和套利不一样。假如电脑市场都饱和了，不赚钱了，卖电脑的人赚的是搬运工的钱，卖一台电脑赚的钱，没有卖一个馅饼赚的钱多。这时候乔布斯进行了一个创新，他生产出一款跟电脑不一样的产品——平板电脑，他就创造了一个新的市场，创造了一个新的产品，这就是创新。从古到今，创新都存在，但人类真正的创新是从两百年前开始的，我们今天使用的这些东西，两百年前几乎都不存在。这就是创新的结果。

创新是熊彼特在一百年前提出的，至今仍是最权威的。创新也可以是实现一个生产要素的新的组合。我们现在讲的管理，包括商业模式，都可以创新。

创新看起来很复杂，但我认为基本的理论很简单，就两条：第一，有没有可能提高产品对客户的价值；第二，有没有可能降低产品成本。提高客户价值,包括对原来产品的改进,也包括创造未来没有的需求,这需要对人性有一个很好的理解。所以我说,一个成功的企业家,一定是对人性有最透彻理解的企业家。无论是比尔·盖茨、乔布斯还是马化腾、马云,他们都对人性有特殊的了解。

人类的进步就是使市场创新带来的好处,让更多的人所分享。我认为企业家分三类,第一类企业家是创造一个新的产业、新的产品的人,第二类是满足市场上已有需求的企业家,第三类就是完成订单生产的企业家。企业家本身就少,第一类企业家更少,中国的这类企业家更是少之又少。

有一些企业家认为,模仿就是创新,这也有一定道理。但是你容易模仿的东西别人也容易模仿,所以产生的利润都是不长久的。我曾经提出企业竞争力的问题,一家企业真正的核心竞争力是偷不去、买不来、拆不开、带不走的。

在竞争的市场上,只靠模仿一定没有办法生存下去。一定要理解创新和模仿的不一样。创新的利润轨迹跟套利是不一样的,套利是一开始就赚钱,创新是一开始就亏本,要亏好几年。为什么创新对金融市场的依赖如此之强,因为如果没有人看好你,没有人愿意投资的话,就很难成功。而创新成功以后模仿者越来越多,你的利润就会越来越少。所以一个企业要成功就要不断创新。

宝洁公司1956年生产的一次性尿布在美国只有1%的销量,不是技术不好,而是太贵了。所以只有特别富有的人或者旅行出差才会使用。宝洁公司研究发现,只有把尿布的成本降到3.5美分以下才可能提高销量,宝洁为这个工作花了10年时间,到1966年,宝洁公司将尿布的成本降到3美分,销量一下就打开了。

还有我们现在已经不用了的家庭录像机,1956年制造出来的时候,它的销售价格要50 000美元,老板说必须降到5 000美元,技术人员花了若干年才做出来,老板又说必须降到500美元。因为如果达不到500美元不会有市场,这就是创新。创新要花费很大的代价,所以创新一开始经常是要亏损的。

现在许多年轻人创业、创新,什么赚钱做什么,这是一种思维。而真正创新的人,一开始不是这样思考的,他会思考做这个东西究竟有什么价值,能给别人带来什么好处。举一个例子,吉列刮胡刀,那时候刮胡刀用的刀片经常把脸刮破,又贵,还要磨,创始人吉列就想,能不能生产一种一次性的、用后就丢弃的刀片,他找了好几个专家,都认为不可能,没有办法把钢材磨得那么薄、那么便宜，而他坚持了6年，最终成功了，现在吉列刮胡刀是男人的必备品。

再举一个例子，联邦快递，其创始人史密斯是耶鲁大学的学生，他把"联邦快递"的想法写成了一篇论文，而这篇论文并不被教授看好，只拿到B的成绩，他仍然坚持想法创办了联邦快递公司。创办初期公司严重亏损，但这个物流模式现在成为全世界的物流公司都在使用的模式。无论航空运输还是水上运输，都在用这个模式。这样的例子我们中国也有好多，像腾讯、百度，百度其实和腾讯比的话，更像一个套利者，从国际上来看，它是将美国的一个模式拿到中国来。中国要真正创造出自己的模式，还存在一定的问题。

小结：市场与企业家

市场的核心是企业家，企业家就做两件事，一件是套利，另一件是创新。中国过去30年企业家主要是套利，而不是创新。但是现在这种套利的空间变得越来越小了。中国用30年时间走了西方200年的道路，但是这个不代表我们的体制比人家好，我们的创新能力比人家高，而是由于我们落后，这叫后发优势。

我们把西方积累的产品、技术、管理方式拿过来，放到中国市场，我们才得以快速发展。所以我总是强调，不要盲目骄傲自大，看别人修了三年的路，自己三天修完了，就很自豪，这是太无知。而现在这个后发优势正在消失，别人生产的东西我们能用的基本用得差不多了，我们过去的廉价劳动力现在变得不廉价了。过去 10 年中国劳动力成本每年以 15% 的速度增长，劳动力的低成本优势没有了，原来还有些资源是不付成本的，而现在要返还原来的成本，比如因为发展而造成的污染治理，现在都变成了成本。我们曾经的快速发展还有赖于良好的国际市场环境，现在国际市场环境随着国际金融危机的发生也有所恶化。所有这些都意味着我们的后发优势正在消失。

中国在改革的第一阶段，是从计划到市场，我们需要的是套利型的企业家，不是创新型的企业家。而现在我们要转变增长方式，需要的是创新型的企业家。

要培养出创新型的企业家，最重要的是什么呢？第一是自由，第二是稳定的预期，这就与产权保护有关。自由包括心灵的自由和行动的自由，心灵的自由就是可以胡思乱想，只要消费者接受，就证明是正确的，但中国企业家从小接受的教育使得他们不敢胡思乱想。当然中国现在也有越来越多的人敢想了，但是传统上我们是不敢想的。还有行动的自由,中国现在仍然有过多的政府管制,企业家缺乏自由行动的空间。稳定的预期就是说,商业本来就充满了风险,如何使人们敢冒这个风险,特别是在中国,制度的风险非常大,所以创新的积极性会大大降低。另外,产权保护非常重要,没有对私有财产的有效保护制度,就不可能形成创新的制度。

创新、制度与规律

樊纲　中国经济体制改革研究会副会长

企业家与管理者：艺术还是科学

按照熊彼特的定义，企业家的核心品质是"创新"，是开拓、开发和创造新的产品、新的市场、新的技术、新的组织（包括管理方法）的那种"创新精神"，是捕捉新的市场机遇，把原来不相干的要素或原来不形成有用物的各种要素加以组合或重新组合，创造出新的有用物（物品、服务等）。

企业家不等于"管理者"或"经营者"，后一个概念更强调的是按照一定的规则保证某种经济秩序产生出预期的成果。但在现实中，好的管理者、经营者之所以有成就，很大程度上是因为他们富有创新精神；而企业家要想使其创新变成能够实现的利润，也必须善于管理（至少是善用管理人才）。所以我们现实中所用的企业家的概念，实际上比理论上的概念定义更宽一些，它也包含着管理的能力。

这里我们就遇到了人们经常混淆的问题："管理学"究竟是一门科学还是一门艺术？有人说是科学，有人说是艺术。其实，现代管理学试图同时教授两样东西：第一，如何在市场经济中当一个企业家；第二，如何管理好一个企业。企业的活动的确是艺术，因为那是灵感、勇气、想象力等构成的创新活动；而管理则可以构成一门科学，它可以用确切的数字来加以表示并进行检验，在实践中需要用严密的方法加以实施。现实中的许多企业经营者由于事实上身兼两任，所以可以说既是艺术家又是科学家。这正是现实中的企业家与一般的艺术家的不同之处：后者可以只有浪漫的想象，而前者必须有科学精神。

传统体制下有没有企业家？

不少人说，企业家只有市场经济中才有，传统的计划体制没有企业家。其实也不尽然。

企业家的概念，从"创新"的含义上，可以普遍地加以利用。政治学中把政治家也称为"政治活动的企业家"，因为他们同样要通过创新（新的理念、新的政纲、新的竞选策略、新的人事组合、新的体制结构等）把过去不相干的要素组合起来，办成过去办不成的事。从这个意义上说，政治家也是一个企业家，也需要艺术性的创造活动，只不过不是以经济利润为活动目的罢了。

在过去传统体制下，那些能干的厂长经理，之所以被我们大家认为"能干"，也是因为他们富有创新能力——在那么一个错综复杂的官僚化的计划体制中，他们居然能把事情办成，把章盖下来，把资金搞到手，没点儿想象力，没点儿"变通能力"，没有在上上下下的人际关系上创新、发展的本事，是办不到的。在那样一种"铁饭碗""大锅饭""平均主义"的体制下，工人都缺乏努力工作的激励（包括惩罚），而有的就硬是通过各种手段使大家能够认真工作，使工厂秩序井然，没点儿组织结构和人际关系上的创新能力，也是办不到的。

到了今天，我们一方面形成了处于发展初期的市场，另一方面很大程度上还存在着政府控制的国有经济体制。在这种"双轨体制"下，要当好一名国企的经营管理者（这里是"当好"，也就是使企业有利润。否则的话，连年亏损也没什么难的）更是得有点创造力，因为他一方面要对付庞大的官僚体制，另一方面要应付市场竞争，要捕捉两种体制下的机会和两种体制之间缝隙中的机会，同时要避开两种体制下的成本和两种体制摩擦产生的成本，真得要有十八般武艺。你可以说在不同体制下企业家有不同的行为目标、行为方式和体制约束；你也可以说搞市场经济我们必须有适合于市场经济的企业家；你还可以说过去的厂长经理所熟悉的那一套不是市场条件下企业家应搞的一套，今后不再适用等；你还可以更严格地区分和定义"计划体制下的企业家"和"市场经济下的企业家"，但无论如何，他们都得具有创新精神，用"具有创新精神和创新能力"这一基本要素来衡量，两者具有共性。

不同体制下的企业家，行为方式当然会不一样，甚至还得有不同的"偏好"以至不同的"品质"。比如，在过去传统体制下，当一个好的厂长经理的一个特殊要求是有"对国家的忠诚"或强烈的为国为民服务的利他主义精神，最多是"只求名，不求利"，"只想当官，不想发财"，因为在国有制企业的体制中，相对的平均主义、"考虑左邻右舍"等是国有制的所有制关系的内在逻辑决定的，企业的经营管理者不可能像在市场经济中的私人企业或公司中那样根据其业绩获取高额的经济报酬。作为"国家干部"，作为政府任命的国企经营管理者，他可以取得很高的荣誉,可以被提升到更高的政府级别上去,并因此而享受一些特殊待遇,但个人货币收入却很难与其他人有明显的差距。或许,在较坏的情况下,一个国企的经营管理者可能会用公款吃喝玩乐,但在工资、奖金等分配问题上却很难多拿("大腹便便可以,两袖必须清风")。笔者不相信国有体制不改,这种情况会有根本性的扭转。而这就要求国有体制下的企业家与市场经济下的企业家具有不同的"偏好"。这也可以说是我们在现行国有制体制下选择国企经营管理者所要考虑的特殊问题。

企业家的成功:审时度势与尊重规律

以上我们事实上是将企业家作为创新精神的代名词进行分析,但创新不等于空想。成功的企业家可以是成功的幻想家,因为他的幻想或猜想并未脱离实际,符合了客观规律;而许多人一心想创新,最后一事无成,是因为他想捕捉并不存在的机会。

这似乎有点"成者为王,败者为寇"的味道,但这的确表明企业家的事业是充满风险的。如果人们有100%的把握知道事情的结果,那就不是创新了。因为创新按照定义来看就是去尝试前人没做过从而未知的事情。正因如此,一切成功都包含着机遇或"运气",许多成功的企业家都承认其成功是努力加运气的结果。

当然成功并非全靠运气。理论上说,还是有办法提高成功概率的。要想做到不空想、不蛮干、不瞎折腾,一个重要的条件就是多了解一些历史上别人成功的经验,多一些关于客观规律的理论知识。比如,市场经济几百年,一个"颠扑不破"的客观规律就是"专业化竞争"最有效率。现代经济学开山鼻祖亚当·斯密两百多年前写的《国富论》开篇讲的就是分工与专业化,构成了现代市场经济的基础,构成了生产力不断提高、效率不断改进的基础,一切"横向联合"或"纵向联合"、多元化经营等都建立在这种专业化分工的基础之上。而一些年来我们许多企业家却不断地"创新"——事实上是不断地闯入自己不熟悉的领域,以为自己无所不能,结果摊子铺得过大,顾此失彼,在哪个领域里都不具备专业上领先的能力,最终哪个都成不了气候,甚至被排挤出来。在市场经济发展初期,到处都有空缺,似乎哪里都能赚钱,用不着专业知识,这种"横向创新"似乎还可维持;一旦市场竞争发展起来,这种缺乏专业性的三心二意的冒险家们的弱点就暴露出来了,才知道专业化的必要。世界上成功的大企业，都是兢兢业业在一个领域里不断完善又不断创新，才能稳占市场份额，形成百年老店，立于不败之地。这是有规律可循的。

所以说，创新容易，只要想象力丰富；而成功的创新就不那么容易了，它得符合市场经济的规律，符合科学技术进步的规律，符合社会进步的规律。

中国的企业家，经过市场经济发展初期的几番折腾，正在开始反思过去、探讨未来，从而也更加注重理论的学习和经验的观察。现在有那么多关于经营管理、市场营销、企业家传略、经济学知识的书籍成为畅销书，正是这一过程的反映。从一味地"造市""铺摊""冒险"，至学会审时度势、尊重规律，正是企业家走向成熟的过程，是更多的成功企业家产生的过程。而中国成功的企业家多了，也就会有更多成功的企业，整个经济也才能更加繁荣地发展。

万众创新，要从教育做起

俞敏洪　新东方教育集团创始人、董事长

尽管并非来自公办教育机构，但作为一个从事教育30年的教育工作者，我在民办教育领域也做了不少事情，对教育公平问题确实有一些自己的看法。包括李克强总理在《政府工作报告》中提到的大众创业、万众创新，我认为也与教育有关系。

关于教育公平：农村教师薪酬应该高于城市

整体上讲，这些年来政府在教育公平方面付出了很大的努力。从2014年开始的高考改革中，我们可以看出国家在教育公平方面的尝试，李克强总理反复强调要对中西部地区的考生、农村大省的考生以及农村孩子提高名牌高校的录取比例，做了一系列尝试。

教育公平问题首先在于城乡教育，其次才是城市教育。城乡教育公平问题主要体现在城市孩子接触到的教育资源和教学质量比农村孩子丰富很多，而城市里面的教育公平体现在名牌中小学和普通中小学之间的教育差距上。

我在城乡教育公平问题上有一个比较简单（也许粗暴）的建议——凡是在农村中小学教书的老师，在薪酬上应该比城市老师高20%~30%。我们现在要求农村老师以奉献精神来扎根农村，我认为这可以要求，但不是长久之计，所以我个人一直主张中国农村老师的待遇一定要超过城市老师的待遇。我们都上过学，都知道一个道理：优秀的老师在什么地方，优秀的学生就出在什么地方。通过提高待遇，我相信农村老师的质量就会有比较好的提高。

同时，在城乡之间的教育资源倾斜上，随着现代互联网的发展，国家在信息化学校、信息化系统上做了很多努力。过去的硬件铺设、宽带进入等已经做得非常到位，所以下一步的工作实际是如何利用互联网让城市的优质教育资源走向农村。比如，让城市的很多优秀老师到农村去讲课是不现实的，而且即使去也只能针对一个班，但如果通过现代化的移动互联，我相信教育资源是可以倾斜的。举一个简单的例子，2014年我们通过互联网系统为某一个农业大县的 1 500 个高中生做了大概 40 个小时左右的授课,尝试的结果表明,现代技术可以给教育均衡或者教育公平带来好的契机。

对于城市的教育公平问题,要按照区域划分来配置中小学老师的教育资源,甚至可以每过两到三年,让优秀教师资源在不同学校之间流动,达成部分的教育公平。我个人对中国教育公平的未来非常看好,因为国家非常重视,民间也付出了大量的努力。

不宜拼命鼓励学生休学创业

总理的报告中连续两次反复强调了大众创业、万众创新,并且光是"创业""创新"这些词,就大概提了二三十次。毫无疑问,在整个大环境中,创业一直是中国经济的推动力,这可以追溯到个体户时代。现在中国民营经济的发展实际也是由创业引起的,只是过去创业和现代创业的定义有点儿不一样,现代的创业要和高科技联系起来,要和创新联系起来,而这也确实是中国的一个重大转型。为什么?因为原来的创业都是为了就业、为了生存,而中国现代的状态是,如果我们再不从低档的制造业转向真正有创新意义的高品质产业的话，中国未来在国际上的竞争力就会越来越差。所以，把创新这个词和创业联系起来，我觉得是一件水到渠成的事情。

鼓励大众创业、万众创新，不仅仅是为了解决就业问题。比如现在国家允许大学生休学进行创业，这就是中国的一个进步。因为全世界很多国家都是如此，如果学生在大学期间有创业的想法，是允许提出休学的，甚至可以没有理由地休学，出去旅行、修炼，比如乔布斯就是休学跑到印度修炼，结果把事情想通了，回来后创办了苹果公司。给学生更多的空间，是一件非常重要的事情，但我一直认为我们不宜拼命鼓励学生休学去创业，因为创业是有了想法确实要去做、不去做就会错过时机的一件事情，而并不是在没有好想法的情况下就贸然去创业。

万众创新应该从教育做起，因为创新的前提是人的独立思考能力，是一个人想象力的发展、创造力的提升。在这个意义上来说，中国的万众创新，应该是在小学到中学阶段，就对教育中的某些特质进行改变和改革。

比如，中小学教育课程中应该多加入一些激发学生想象力、创造力和创新力的课程，同时应该非常深刻地改变原有的思维逻辑，比如老师要求学生每一道题都有一个标准答案。而所谓的创新,是为同样一个问题寻找不同答案,并且通过不同途径走向同一个正确地点的能力。

所以我觉得,大众创业、万众创新方向是对的,但在未来10年、20年、30年后,中国要在创业和创新方面走到世界前列,这个问题应该从教育上来解决。一是要鼓励民间力量尽可能加入到创业的队伍中,二是在教育方面政府应该加大创业创新的课程体系以及思想体系的植入力度。

第六章

中国制造 2025

培育中国制造能力的巨大势能

周其仁　北京大学国家发展研究院教授

大家知道,中国经济由两个引擎驱动,一个是出口,另外一个是投资。其实,这两个引擎共享一个基础,就是中国的制造业。制造业支撑着出口,也支撑着投资。因为所谓的投资,就是用储蓄购买大量制造业的产品——钢铁、水泥、设备等——然后安装到地上或地下,成为基础设施。这样看,认真观察中国的制造业,可以对中国经济有个基本的判断。

近年,中国制造业面临不少新问题。其中最为突出的,是"中国制造"的成本,特别是人工成本升得很急。2002年,美国人有一项调查,结论是中国制造业的平均小时工资为64美分,仅相当于美国工人平均小时工资(21.64美元)的3%。自那以后,中国的人工成本开始加快提升。目前,我国制造业的小时工资大约等于发达经济平均水平的10%。其中,城市薪资上升更快，据《华尔街日报》报道，2010年中国城市雇员的平均年薪是5 500美元，比上年增长13%，比5年前增长77%。

期间，政策方面也发生着变化。近年中国政府的政策转向更具包容性的增长，也就是考虑更多的人，特别是广大劳工分享经济增长之果。2008年，中国修订了劳动法；2008—2011年中国法定最低工资的水平加快提速，2011年各地的增长幅度平均在20%以上；"十二五"规划要求，大幅度增加劳动所得在整个国民收入中的比重。

市场与政策一起发力，推动中国制造业的人工成本更快增长。整体来看，中国与发达国家在人工成本方面的差距，大体从改革开放之初的100倍，收缩为目前的10倍；再进一步收缩为5倍，甚至3倍，所花费的时间可能比所有专家估计的还要快。

这就引起了喜忧参半的关注。一方面，经济增长就是以人均所得的持续提高来定义的。因此，中国人工成本的加快提高，本来就是经济增长的目标。但是另一方面，人们也关心：中国制造业的"低成本竞争优势"会不会因此加快消失？全球制造业的布局和投资重点，会不会发生重大调整？支持中国经济高速增长的引擎，会不会动力减弱？"失速"的中国经济，又会不会拖累金融危机后的全球经济复苏的步伐？

我谈谈自己的看法。首先，迄今为止中国平均工资的快速增长，基本反映了劳动生产率的提升。这方面有不少研究和计算，有一项报告说，2000—2010年，中国的劳动生产率每年平均增长10%，是美国的2%的5倍。要注意，中国劳动生产率的绝对水平当然大大低于美国和其他发达国家，但这里讲的是生产率的变动率。好比速跑比赛，跑在最前面的速度最快，但再加速就难了，而后来者可以更快加速。

甚至对2008年以后引人注目的"工资通胀"，我个人的看法，主要成因也是汇率机制还不够灵活，结果中国虽然大体维系了名义汇率的稳定或缓步升值，却经由通胀的抬头实现了人民币实际汇率的上升。在背后，真正的经济推手其实是中国制造业生产率相对较快的进步率。

如果这个判断正确，那么基本反映生产率变动的工资较快增长，对制造业的成本结构与利润边际，就不会也不可能产生实质性的损害。这可以由近年中国公司普遍的利润状况得到证明。看未来，由于地区间的产业转移和承接还有极大的潜力，更由于中国人的学习曲线还有较快上升的空间，所以我们不可低估中国制造业还可能具有的长期竞争优势。

甚至现在大家普遍关注的人口转型，也难以改变上述结论。包括老龄化在内的中国人口类型的转变，当然有长期的重要影响，但是，至少这并没有构成对制造业竞争优势的现实威胁。观察过中国农业的人都不难明白，我们超小的农业经营规模中还"储蓄"着巨大的劳动力，伴随着城市化和农地流转的进程，只要有关政策正确，这部分人力资源的潜力还将继续释放。

中国工业增长真正的限制因素是市场需求。在当前，最现实的就是全球复苏的步子缓慢。从2008年危机冲击中国以来，我们已经观察到，每当发达经济复苏的步子略略加快，中国沿海工业的订单就上升，招工难的问题就突出，制造业的增长就强劲。问题是，这些接单工业产生的经济能量，包括由此带动的进口，看来还不足以拉动欧美、日本的全面复苏。这并不奇怪，现在要指望总量7万多亿美元的中国经济，就能够把欧盟（16万亿美元）、美国（15万亿美元）和日本（约6万亿美元）都拉起来，实在不现实。加上印度和其他新兴市场呢？力量大很多，对全球增长的边际贡献更大，但还是像小马拉大车。

在这种情况下，如何确保后危机时期全球经济的强劲增长？我认为还是兵分两路：发达经济好好解决他们面对的问题，中国、印度则尽力把自己的事情办好。对中国经济而言，一个可能的方向就是把一部分中国制造出口的能力，转过来为国内的消费市场服务。

事实上，在多年所得快速提高、人民币升值，以及分配政策改善等多重因素的作用下，国内消费市场增长强劲，潜力更是巨大。不少跨国公司和中国企业都发现，要缓解"中国制造"的成本压力，不但可以经由综合营运效率的提升，更可以通过抓到中国市场的先机，扩大市场销售规模来对冲。毕竟，把生产基地搬到远离中国市场的"低成本"位置上去，在战略上得不偿失。

向国内市场转，会面临哪些障碍？我们来看一项统计，2011年，中国城市服务业市场上空缺职位的数量，要比求职者多出了140万。2010年，空缺者比求职者多出了100万。这表明在我们这个制造大国，服务业才是影响转型的软肋，因为市场需求远远得不到满足。以我追踪访问了几年的北京华联为例，他们开店的规模越来越大，差不多开一家旺一家，现金流多到不能相信。可是，生意很好却招不到人！特别是招不到数量足够的合格店长、"买手"（采购经理）和领班。顺便提一句，国内市场上不少商品质量问题，其实也与服务业有关。消费者越来越忙，需要商店来帮他们挑选合格的商品。这个环节薄弱，既抑制消费，也不能有效改善生产。

回头看，多少年势如破竹向全球出口的"中国制造"，其实正是依托了中国香港和欧美、日本的服务业，才一船一船走出去的。现在中国制造要向内需走，首要的是为服务业提供克服瓶颈的服务，包括政府放松不当管制的服务、改进税制和其他制度安排的服务、教育训练的服务，以及特别重要的金融服务。政策制定者和业界有必要认识到，"为服务业的服务"可能是下一阶段经济增长的一个关键。

我的观点是不要低估中国制造业持久的比较优势，更不要得出"中国制造没戏了"的轻率结论。在生产率较快提高的前提下，工资上升不但不会丧失市场竞争力，反而可以让国内市场变得越来越厚实，为培育较高品质中国制造能力提供极其巨大的势能。

如何保持中国制造业增长势头

樊纲　中国经济体制改革研究会副会长

目前，中国制造业受国内外多种因素制约，发展形势严峻。很多出口产品的市场份额虽然仍在上涨，但是从订单增长、欧盟进货的数量等角度来看，欧美经济不景气不只是短期问题，长期低迷是可以预见的。与此同时，国内消费增长速度虽然在加快，但是仍然不足以带动经济发展，这些因素制约了制造业在国内市场的发展。

在中国制造业发展的二三十年中，近几年的确遇到了新的情况。即制造业成本的提高，特别是劳动力成本增长速度比较快。一方面是因为劳动力市场的原因，中国大部分农民工在沿海地区无法安家，过早地退回内陆，影响了沿海地区的劳动力供给；另一方面受城市化进程等因素影响，沿海地区劳动力成本上升比较快。

当然，伴随着劳动力向内陆转移，利用内陆地区返乡的劳动力，一部分产业在内陆地区得到发展。但是，我国的成本优势在逐渐丧失。金融危机之后，"亚洲四小虎"等东南亚国家成本下降很大，经济增长缓慢，而中国经济增长速度相对较快，原来的优势慢慢消失了。然而比起越南、孟加拉国等新兴国家，中国的工资成本也没有太大的优势。面对这些问题我们需要进一步思考，应如何保持中国制造业的增长势头。

机遇与潜力

制造业作为解决就业的主要产业之一，对中国经济发展有着至关重要的作用，必须大力支持制造业发展，对于一些唱衰中国制造业的说法我坚决反对。中国还有30%~40%的农村劳动力没能转移出来，这些人没有受过高等教育，只能从事制造业。当然，他们也可以从事一般性服务业，但是如果没有制造业的发展，一般性服务业又能创造多少价值，带来多少就业机会？

有人说，中国的产业可以实现直接跳跃式发展，如发展高新科技、高端服务业。然而你会发现，如果不发展制造业，皮鞋袜子、高楼大厦、钢材水泥是没办法直接在高端产业中生产出来的。只要市场需要钢材水泥，我们就得考虑由谁生产的问题。如果中国不生产，印度和美国就会生产。皮鞋袜子也一样，中国不生产，意大利和孟加拉国就会生产。为什么我们要把制造业的就业机会拱手让给别人呢？

中国拥有非常好的制造业基础。中国和涵盖 40 亿人的新兴市场国家都在发展，并且 70%~80% 的消费者都是低端消费者。在经济发展初期，国家需要大量的制造业产品来进行基础设施建设，消费者则需要大量制造业产品进行消费。如今，发达国家开始回归制造业，为什么我们不去努力开发如此巨大的市场？

从市场结构角度来讲，制造业对发达国家来说是夕阳产业，而对发展中国家和新兴市场国家来说，各个行业都是朝阳产业。从皮鞋袜子到钢材水泥，这些制造业都有大好发展前途。中国制造业至少需要再发展 30~40 年，才能解决中国的就业问题，才能实现中国的工业化，完成中国的劳动力转移。

技术创新

加快城市化进程是完成劳动力转移的最终途径。城市化的含义不仅指土地兼并、建高楼大厦，还指将过去不是城里的人变成城里人。农民进城市、穷人进城市的过程才是城市化进程。但这不是指从前退回农村的农民再回流，而是要使新来的农民能够留在城市，让他们成为城市的工人，这是要通过几代人的转移才能完成的。

不过，目前城市并没有为农民工提供公共服务，这样的情况致使中国农民工的平均打工工龄为 7 年。如果这个问题不能解决，将对劳动力的供给造成影响。只要农民工有长期在城市居住的预期，城市可以投入更多资金为农民工提供技术培训。这样一来，通过城市化进程不仅保证了劳动力的数量，也可以提高劳动力素质。

制造业想要持续发展应该提倡专业化。如今，关于中国制造业代工企业比较多，缺乏创新，没有自己品牌的言论已经太多。中国企业真的不会创新吗？我认为，在产业发展初期，这是正常的，也是必然的。发达国家的企业已经在这个行业生存了几百年，中国企业刚进入，要把原有的东西学会还需要一个漫长的过程。过去二三十年，中国企业通过代工学习，掌握现有的技术知识，这是非常了不起的。只有接近前沿，才有创新的资格。

因此，过去中国企业做代工是合理的，否则便无法学习发达国家的先进技术，也无法走到创新前沿。其他国家为什么能够创新？以皮鞋、袜子为例，意大利历史上几代人甚至十几代人都专注于制作皮鞋、袜子，他们积累了经验，拥有专业的知识，具备了核心竞争力，自然能够创新。如果一家企业从开始就在品牌上投入太多资源，恐怕早垮了。但是，随着代工模式越来越成熟，企业盈利越来越多，企业应该认识到做品牌才能获得更稳健的长久发展。如今，越来越多的企业接近前沿了。他们已经基本学会了过去已有的技术知识，开始谋求创新。

但在唱衰低端制造业的环境下，有一些企业走上歧路。企业看不起原有的制造行业，试图转型发展高新科技产业、从事资本运作，这不仅分流了制造业所需的资金，也分散了企业的发展精力。因此，企业更不可能思考如何创新制造、如何发展品牌，最终的结果就是部分企业将走向倒闭。在 2012 年的经济波动环境下，我认为一定会有一批制造业企业倒闭。政策要鼓励企业长期专注于专业发展，只有这样才能积累经验，获得创新的能力。

品牌建设

企业要认识到，打造国际品牌不是一朝一夕就能实现的，做品牌首先要在自己熟悉的本土市场上开展。品牌建设是一个长期投入的艰苦过程，代工企业在有了一部分资本积累后，可以尝试做品牌，但最先考虑的还是国内市场。只有在最熟悉的国内市场获得认可，才有可能上升到国际市场。

只是做国内品牌意味着交易成本太高，很多企业家之所以不愿意打通国内渠道和市场，大多也是基于此原因。因此，政府要想真正扶植本土品牌，最重要的不是给企业宣传补贴，而是建立市场秩序、改革市场流通体制，这才是真正塑造品牌的过程。

事实上，树立品牌的过程也是发挥本土市场优势的过程。相比于跨国企业，中国企业要找到自己熟悉而对方陌生的本土元素，包括民族文化、语言、食品等，去挖掘民族特有的本土元素来打造品牌。这并不是单纯的文化问题，而是寻找竞争力、发挥相对优势的问题，也是经济学所讨论的问题。只有找到自己的相对优势，才能在竞争中找到一席之地。

从目前情况来看，中国制造业生产的优势主要还集中在国内。全球的跨国公司都到中国来生产，而中国企业却要到国外生产，背后的原因是什么？

中国企业走出去之后，如何与国际市场相结合是我们不得不思考的问题。如果能够获得利益，企业自然要走出去，但不能盲目地走出去。首先，为了规避贸易保护，中国企业到国外生产可以利用国外的配额和国外的牌子，避免一些国家的贸易保护主义措施。其次，如果企业在国外生产，产品可以就地销售，以节省运输成本。例如，生产一台冰箱，在国内生产之后再运往国外可能就不如在国外生产组装划算。

从企业自身来讲，如果企业要走出去，开发国外市场是其最大的理由，那么企业会把销售公司放到国外；如果利用国外的人才和科技创新能力，企业会收购研发中心；如果当地品牌对企业有价值，企业就会收购品牌。

目前，中国经济已经发展到全球化资源配置的阶段。中国企业可以利用现有的国内生产优势，整合国外的科技和市场优势，促进自身发展。同时，吸收借鉴跨国公司全球化配置资源的经验教训。

集群效应

此外,中国企业另一个重要优势是容易形成企业集群。生产链的上下游都在国内,并且集中在一定区域范围内,交易成本很低,上下游整合速度比较快。例如,一家越南的企业,虽然人工成本低,但是工作效率也低。如果在越南修改产品设置,企业需要在国内外反复协调。如果在国内的话,只需一个电话,就能召齐上下游生产链的员工。企业能够紧跟市场变化,这就是产业集群效应。

产业集聚实际上是近几十年来国际贸易分工最重要的趋势。如果企业能够形成供应链集聚,就能大量减少交易成本、物流成本,使其竞争力得以发挥,获得更好的发展。

从政策来讲,政府要重视产业链的集约化发展。内陆地区欢迎产业转移,但是产业转移不能只重视一两个企业,而是要看到企业群,即为龙头企业搭建供应链的上下游企业群。政府为企业创造条件,让它们能够产生集聚效应,发挥产业优势,这一点不可小觑。

在发展制造业方面,中国有区域优势。内陆地区劳动力成本较低而且有大量退守内陆的农民工,再加上改善的基础设施条件、降低的交通成本，如果内陆地区的政策、投资环境和法治环境能够得到更好的改进，我相信更多的企业、产业集群会到内陆地区寻求发展，使中国制造业在全国范围内再持续发展 20~30 年。

眼下正是中国内陆地区发挥竞争力的时候。地方政府应该认真思考如何改进制度，不能单纯地改进基础设施。企业成本包括很多项，其中的交通成本是靠基础设施来改进的。除此之外，如果企业与政府之间、与其他经济部门之间的交易成本能够降低，同样可以提高企业竞争力。因此，如何发挥区域优势是制造业持续发展的重要条件。

中国制造 2025 路线图与方法论

苗圩　工业和信息化部部长

自 2012 年 3 月到 2015 年 1 月，我国工业生产者出厂价格指数（PPI）已经连续 35 个月下降，这是历史上少有的。比如 2014 年，我国 PPI 下降了 1.9%，其中生产资料价格下降 2.5%，生活资料价格同比持平。

产生这种情况有三方面原因。一是上游能源、原材料、矿石价格下降；二是国际输入性价格下降，比如煤炭、原油价格大幅波动，轻工产品如棉花，从最高 1.9 万元/吨降到 1.35 万元/吨，降幅相当大；三是我国产能过剩。这些问题来源于我国经济结构调整、经济增速调整和消化前期刺激政策，是三期叠加的结果。

解决这个问题，要从四方面入手：一要坚定不移地调整产业结构，把长期以来以重化工业为主，对以大量出口基础原材料为主的产业结构做适当调整。国际金融危机以后，国际市场发生了巨大变化，所以我们要做产业结构调整，要向产业价值链的高端发展。二要坚定不移地实施创新驱动发展战略，牢固树立企业是技术创新主体的思想，要建立以企业为主体、产学研用相结合的创新体制，鼓励企业增加研发投入，增加产品中的技术含量，提高附加值，同时要加大对技术改造支持力度。三要按中央要求压缩部分行业的严重过剩产能，在一定时间内比较好地解决产能过剩问题，包括暂停批准新上钢铁、电解铝、水泥、平板玻璃等方面的产能，在建产能也要停建或缓建，用一段时间消化过剩产能。四是工信部一直在抓也取得很好效果的淘汰部分落后产能这项工作。通过这些措施，把工业发展的质量和效益提高上去，产业结构转变过来，为这些行业和企业新一轮发展奠定好的基础。

2015年《政府工作报告》提出 7% 的 GDP 增长目标，对工业应该是一个考验，是一个不低的目标。20 世纪 90 年代之前，我们在计划经济或者说短缺经济下，只要能生产出来基本不愁销。21 世纪以来，工业产品大量出口带来了经济发展新的需求。在新一轮发展中，这种情况发生了很大变化。所以我们必须认真地调整产业结构，再依靠过去消耗大量资源、能源，带来大量环境负面影响的发展模式已经不可以持续了。

从区域上来看,现在长三角、珠三角的企业面临劳动力成本上涨、市场萎缩、产业转型的压力,作为我国老工业基地的东三省,企业也在大规模亏损,中西部地区作为产业转移承接地也面临很多问题。中国制造面临着一系列的难题,比如区域产业发展定位不够清晰,区域产业结构趋同,没有形成相互联系的主体功能区,另外各地区在发展中基本处于互相竞争的关系,而不是竞争与合作关系。随着经济增速下行,这方面问题越来越突出。

要解决好这个问题,需要多管齐下,采取综合性措施。一是落实好区域协同发展战略,促进主体功能区规划落地。哪些区域适合发展?哪些区域限制发展?哪些区域严格禁止发展?过去有一个主体功能区的规划,要把规划落地。二是要建立区域间协同发展的关系。特别是十八大以来,党中央提出了三大区域发展的战略:"一带一路"、京津冀协同发展、长江经济带发展战略。要把三个区域协同发展的战略规划好落实好。三是促进产业有序转移。沿海地区一些产业,由于受到土地、资源、环境容量、劳动力成本上升等因素影响,提出要转移到成本更低、对企业发展更有利的区域,并且有的已经开始采取行动。

我们想借助落实好三个区域协同发展的规划，促进产业有序地向中西部地区转移。四是建立好企业聚集发展的环境。我们前期已经在各省批准设立了很多新型工业化示范基地。在这个基础上，促进东部地区和中西部地区、东北地区包括京津冀之间协同发展，设立工业园区。通过这一措施使区域发展更加协调，每个区域发展有自己的产业定位，也能突出自己的特色和优势。

这需要整体布局，也需要我们创造一个好的环境。比如一些要素的流动要更加顺畅，要解决企业跨区域发展兼并重组所带来的 GDP 核算、税收分两地缴纳中的一些问题，为企业发展创造更好的环境。

2015 年"两会"，总理在《政府工作报告》中提出要制定"中国制造 2025"规划纲要。这是中国制造业发展的一件大事。回顾在应对国际金融危机的过程中，在 2010 年，中国成为世界第一制造业大国，这也是历史上时隔 150 年之后，中国重新占据了制造业第一大国的位置。我们是制造业大国，但还不是制造业强国，还没有一大批具有国际竞争力的骨干企业，产业发展还有一批重大技术、装备亟待突破。另外，我们还应该有一些重要产品在国际市场上占有一席之地。这些方面表明，我们还需要从制造业大国向制造业强国去转化、去努力、去奋斗。

根据这个思路，在中国工程院 150 多名专家花了一年半时间进行战略论证的基础上，我们又花了一年多时间制定了"中国制造 2025"规划纲要。中国大体需要用三个十年左右的时间，完成从制造业大国向制造业强国的转变。我们提出了三步走的战略。"中国制造 2025"也就是三步走第一个十年的行动纲领，也是一个路线图，也有它的时间表。

这个纲要的主要内容大致是如下几个方面：一是强调创新驱动，二是质量为先，三是绿色发展，四是结构优化，五是人才为本。通过实施规划纲要，我们为后两步走奠定好的基础。通过这十年的努力，我们能进入全球制造业的第二方阵。

"中国制造 2025"与德国"工业 4.0"既有很多相同之处，也有很多不同之处。中国和德国工业发展的水平不在一个起点上，不在一个水平线上。从我们了解的情况来看，德国实现"工业 4.0"也需要 8~10 年，并不是德国现在已经实现了"工业 4.0"，它在时间上和我们的"中国制造 2025"大体在一个时间段。从内容上看，德国"工业 4.0"和我们前期提出的工业化和信息化深度融合有异曲同工之处。我看到一个介绍德国"工业 4.0"很形象直观的场景："工业 3.0"是机器设备数字化、智能化，图上画的是一个机器人从货架上抓一个货物装进一辆卡车；

到"工业4.0"仍然用了这张图,只不过在货架、机器人、汽车上都画了一条小的弧线,这表明这三者互相都通过无线、宽带、移动、泛在的网络联系了起来。这就很直观地表明,将来智能化的设备、产品之间,通过有线无线的通信方式能够连接在一起,也就是我们经常说的物联网或者工业互联网的概念。

习近平总书记在讲话中也提到了网络经济的概念。2015年李克强总理的《政府工作报告》中,第一次提出了工业互联网的概念。我们要高度重视这方面发展的趋势,抓住这一轮发展的机遇,趁势而上,发挥后发优势。

如果说有什么不同,就是我们的发展阶段、发展水平不同。德国工业总体处在从3.0到4.0发展的阶段,我们的工业企业有些可能还要补上从2.0到3.0发展的课,然后才能向4.0发展。我们要结合中国国情、中国工业企业的实际,把发展路径选择好,走一条更好更快的发展道路。

2014年以来,我们一直在研究国际上新一轮科技革命和产业变革的内涵到底是什么。尽管各方面认识并不完全一致,众说纷纭,各有各的观点,但是不同中有共同点。共同点是由于有线特别是无线、移动、宽带、泛在的网络的推广和普及,带来了新一轮发展的机遇。互联网能改变人类的生活方式、工业的生产方式，提供了很多新服务、新业态和新发展模式。而且互联网的技术到现在还没有走到尽头，它的应用更是日新月异、层出不穷，所以互联网带来的变化需要我们高度重视，认真研究。

在新一轮科技革命和产业变革中，各国都在研究如何抢占新一轮发展的制高点。我们认为，互联网和传统工业行业的融合要重视和抢抓机遇，这也是所谓的制高点的问题。还有一个切入点的问题，或者说主攻的方向，我们经过研究认为，抓智能制造就是我们主攻的方向。前几年我们已经做了一些探索，比如两化融合的试点示范，在这个基础上把智能制造抓在手里，这是解决我国制造业由大变强的根本路径。

过去五年，我国工业企业在研发设计方面应用数字化工具普及率已经达到54%，近五年年均增长4个百分点。现在很多工业企业甩开图版，搞无纸化设计、数字化模型，这些方面的大量应用，减少了研发周期，提高了设计效率，也降低了研发成本。另外在规模以上工业企业中，生产线上数控装备比重已经达到30%，近五年也是年均增长4个百分点。这些方面都有很好的发展势头。

当然与发达国家相比还有差距，特别是在智能化方面。过去我们使用的一些数控系统、工业机器人，基本上是按人设定的程序作业，并没有实现智能化。所以就出现过有人在修理机器人的时候，一旦忘记关闭电源，机器人对人造成伤害甚至致死的情况。因为它没有智能装置能感知有人在作业，设定的程序就不能工作。我们在高端的传感器、重要的操作系统、数字化的基础上需要进一步提高智能化的水平，这样才能达到智能制造的要求。从产品上来说，现在也有一系列智能化的产品，比如工业机器人原来是数控化的、不智能的，将来工业机器人可能智能化。汽车现在还要靠人来驾驶，各国都在研究能不能把人从驾驶位置上解放出来，真正实现人坐汽车而不是开汽车，把开汽车交给智能汽车本身和整个道路智能化系统。当然这还有一定的路要走，还有很多技术难题要攻破。现在一些国家已经有这方面的计划，也有这样的车在路上跑。再比如一些智能化的产品，最典型的是智能手机。过去的手机是不智能的，现在的手机把很多计算机的功能、网络的应用功能全部集合在手机上。这是工业产品的智能化。

我们正在研究智能制造，这是一个主攻方向，是一个切入点。工信部正在参与国家组织的关于智能制造重大工程的研究，我们想从 2015 年开始，花大约三年时间，选择重点领域，选择一些地区、行业做一些试点和示范探索，不断总结经验，推进智能制造发展。

2013年年底，工信部发布了《关于推进工业机器人产业发展的指导意见》，提出到2020年，培育3~5家具有国际竞争力的龙头企业和8~10个配套产业集群，高端机器人方面国产机器人占到45%左右市场份额。

这几年国产机器人发展有很大的进步。过去大约一半左右的机器人用在汽车行业，现在已经突破了这个界限，在电子信息行业等其他工业行业里都开始得到普及和应用。这方面广东做得比较好，第一次把机器人用在电子信息产业中。过去由于劳动力成本比较低，广东是加工贸易最发达的省份，在生产线上雇了大量的农民工来从事一些简单的劳动。现在由于两方面发生变化，一是产品集成度越来越高，二是劳动力成本不断上升，这就给机器人在这个行业的发展应用提供了巨大的机遇。

国际上用于衡量机器人普及的指标是每万名工人机器人拥有量，我国每万名工人机器人拥有量为23台，德国为273台，日、韩则已超过了300台。这表明我们以机器换人还有很大的潜力、很大的市场。

当然，这也带来企业生产组织方式、管理方式改变以至于社会上的问题，大量的机器人取代了人，就业怎么办？所以我们还要兼顾好中国人口比较多、就业压力较大的情况，一步一步循序渐进地进行。同时也预示着劳动力的培训越来越重要，从事简单劳动的劳动力找工作越来越困难了，懂得软件、计算机，会操作的劳动力需求越来越大了。职业教育方面还要跟上去。

总体上讲，抓工业机器人的发展，一方面要抓产品技术突破和重要配套的组织，另一方面要抓好应用。从这两方面入手，使我国工业机器人发展占据更有利的位置。

工业机器人在工业领域的推广应用，将提升我国工业制造过程的自动化和智能化水平，降低人工成本上升和人口红利减少对我国工业竞争力的影响，提高生产效率和产品质量，降低生产成本和资源消耗，保障安全生产，保持和提升我国工业的国际竞争力。

工业互联网是顺应新一轮工业革命和产业变革的一个重点发展领域，也是政府工作报告中提到的"互联网+"最早实现的行业之一。工业互联网有非常大的发展潜力，在现实中有很多企业也注意到应用互联网技术来提高企业的整体竞争能力。据国际权威机构估算，在未来20年中，中国工业互联网发展至少可带来3万亿美元左右GDP增量。

我们应该高度重视，积极引导，做好工业互联网的应用和发展。从两方面切入，实现融合发展。第一个方面，就是前面提到的智能制造。第二个方面，就是把互联网引到工业企业、工业行业中去。互联网发展方面，中国有一批互联网企业成为国际竞争的领跑者。把这些企业发动起来，和工业企业密切融合，搭建好工业互联网发展的框架，就会为企业未来的发展提供更多的机会。据国际权威机构测算，应用工业互联网后，企业的效率会提高大约20%，成本可以下降20%，可以实现10%左右的节能减排。

工信部正在组织论证工业互联网整体的架构。互联网时代是自上而下的架构，工业互联网是自下而上的发展战略，也就是从数据中心怎么建、云服务怎么用、大数据怎么分析这些方面入手，从企业到行业再到国家乃至国际。同时也要趋利避害，既要看到它发展有利的一面，也要看到会给我们带来的负面影响，比如如何保证网络安全，不被攻击、不被篡改，如何保护用户个人的信息安全。这些方面都还需要研究，趋利避害，为发展做一个更好的谋划。

互联网跟工业的融合应用还有很大的空间。现在互联网应用多半是在营销环节和售后服务环节、采购环节，如 B2C（企业对客户）和 B2B（企业对企业），以后在制造环节以及企业与企业之间，都会给现有的生产方式带来颠覆性或者革命性的变化。

比如说，现在制造大规模消费类的产品，一定是集约制造，这是最经济最合理的，但问题是对个性化需求的满足不够。现在通常是一个企业大批量制造出产品，发送到各地，通过分销环节到达用户手中。而将来随着互联网的普及，每个人都可能成为设计师，需要的材料和零部件可以通过网上采购，自己就可以把产品生产出来。这是最好的满足个性化需求的生产方式。

众所周知，个性化的定制是附加值最高的。西装成批生产出来并不很值钱。如果量体裁衣做出来的衣服，一定比大批量生产出来的更值钱。

在 2015 年的《政府工作报告》中，总理提到关于经济增长的双引擎。在双引擎的表述中，一方面是传统的引擎，扩大公共产品、公共服务的引擎；另一方面是大众创业、万众创新的新引擎。过去我们通常重视第一个引擎，就是公共服务类产品的发展，不够重视大众创业、万众创新作用的发挥。比如说，我们的发展主要着眼于一些大企业、规格化产品。比如，鼓励研发的政策最终可能大部分落到大企业、大院所。其实中小企业、小微企业有天然、内生的动力和活力，不要看企业小，创业者只要创办这个企业，就一定想让它由小变大、由弱变强。我们再看看发达国家的技术研发成果，当然有一些是大企业自己投入和研发产生出来的，但是大量的还是购买中小企业、小微企业的研发成果为己所用。

最典型的是美国硅谷。有些企业是自己研发产品，自己做，一步步由小变大做起来，比如惠普、谷歌等公司。也有很多公司认为没必要自己从头做到尾，只要把构想变成分阶段的产品或可以工业化的产品，可以把技术成果卖出去，换一笔钱再在这个领域研发新的成果。反过来，大公司也不是事无巨细包打天下，所有事情都是自己做，很多科研成果都是到市场上去寻找，购买后继续做下去。

所以，李克强总理提的第二个引擎我们要高度重视。2014年我们通过政府改革，特别是工商注册登记制度的改革，取消了实缴制，变成了认缴制，把很多前置性审批变成了后置，带来了很多创业冲动，新增了大量的创业企业。对这些企业我们要更好地呵护，要使它们能生得下来，能长得大，能够发展得好。这些企业发展得好了，中国经济肯定就好了。所以，要高度重视这些小微企业、初创企业。它们每家都有很好的创意，每个人都有很好的愿景。要注意保护好、发挥好它们的积极性，那中国经济发展的活力和潜力将是无限的。

工业互联网和物联网基本上是同一个概念。互联网解决了人和人之间的信息交互和共享问题，物联网是要解决更大维度的人和物、物和人、物和物之间的信息交互和共享问题。工业互联网是物联网重要的组成部分，只不过物联网应用的范围比工业互联网更大，除了工业之外，还包括金融等各行各业都可以使用。

关于中小企业创业方面，工信部有中小企业创业服务平台，民间也有很多创业服务平台。政府无论如何都做不过民间的服务平台，因为它的活力、动力、谋发展的愿望，都远远高于政府建立的服务平台。我们也根据现在发展的情况做了一些区分。政府的平台是把各个平台集中起来，建立一个枢纽，使它们能够互联互通，与服务对象有更多组合，提供更多服务。所以我们在各省（区、市）和计划单列市建立了政府服务平台的枢纽，把地方政府办的、民间办的公共服务平台链接到这个枢纽上，通过这个枢纽建立互联互通、四通八达的服务体系。这是我们的总体考虑，组织大家一起把公共服务平台体系搭建好。

关于"中国制造2025"的策略

李培根　中国工程院院士

新一轮工业革命是信息技术与制造业深度融合,以制造业数字化、网络化、智能化为核心,建立在物联网和务(服务)联网基础上,结合新能源、新材料等方面的突破而引发新一轮产业变革。

经过多年的发展,转变思想,加强创新,中国制造业正在努力蜕变。2015年,"中国制造2025"战略的发布,更是给中国制造走向中国"智"造提供了一个契机。

制造业发展十大热点

热点1:"新常态"下,中国制造业亟待重塑竞争优势。中国经济正在向形态更高级、分工更复杂、结构更合理的阶段演化，经济发展进入"新常态"。从要素驱动、投资驱动向创新驱动转变。对于中国制造业来说，亟待重塑竞争优势来主动适应中国经济发展的"新常态"。

热点2："工业4.0"大潮助推智能制造升温。"工业4.0"来自德国，是以智能制造为主的第四次工业革命，它将传统制造技术与互联网技术结合，运用物联网、大数据、云计算、智能材料等先进技术，将更多资源和生产要素科学化整合，使工业生产变得更加智能化、自动化、个性化。我们现在正好处在一个从"制造大国"向"制造强国"转变的过程中。"工业4.0"的热潮席卷全国的同时，也成为驱动推进智能制造的强劲动力。

热点3：中国高铁成为引进消化吸收再创新之典范。中国高铁不仅在关键技术领域取得一系列重大创新成果，还建立了具有自主知识产权、世界流水平的中国高铁技术体系，成为技术引进、消化、吸收再创新的成功典范，创造了一套自主创新的"中国模式"。

热点4：制造企业与互联网企业相互渗透。随着智能制造逐渐成为推进两化深度融合的核心，制造企业与互联网企业的相互渗透趋势日益明显，利用各自的市场竞争优势寻求合作的机会，共同应对由智能化与互联网化发展带来的挑战和机遇，这也是两化深度融合的结果。现在小米 12.66 亿元入股美的，上汽和阿里巴巴打造智能化互联网汽车，百度和宝马合作发展高度自动化驾驶技术，东风和华为合作开发汽车电子和智能汽车，等等，传统的制造企业和 IT（信息技术）企业联手，这是中国制造业的一个新景象。

热点 5：小米实践微笑曲线。众所周知，微笑曲线来源于台湾鸿基，大体意思是价值最大的在两头，一头是研发，一头是销售、服务等，中间是制造。小米在研发环节，实现产品的自主创新和差异化发展；在营销环节，以线上营销为主，多渠道营销结合。小米很好地实践了微笑曲线这一原则。

热点 6：推进服务化构建制造业增长点。在"中国制造 2025"中，也非常强调服务型制造，现在面对产能过剩、利润空间压缩的残酷现实，中国很多企业主动转型，不断推进服务化，缩小与国际市场的差距。

热点 7：机器人热潮难掩国产核心技术缺失窘境。现在中国已成为全球购买工业机器人最多的国家，预计到 2020 年我国将拥有 30 万台机器人，机器人及系统产值约 1 000 亿元，将带动 3 000 亿元零部件市场。但关键零部件长期依赖进口，总体处于行业低端，而日系、德系先进工业机器人制造企业几乎垄断了高端机器人市场，占比高达 96%。可以说，有关机器人的关键技术基本上还掌握在外国人手中，这是比较遗憾的。当然也正是这个现状，使得我国机器人产业发展，机器人相关的自主创新，还有很大的发展空间。

热点 8：制造业个性化定制开始兴起。随着制造业和 IT 的发展，传统大规模批量化生产模式已经开始发生变化，小批量、多样化的产品生产模式已经出现，中国制造业个性化定制开始兴起。如奥迪在中国率先进军个性化定制市场，个性化订单比例已经占到 20% 以上。红领集团自主研发的个性化定制平台 C2M（顾客对工厂），引领服装行业率先实现大规模定制化。

热点 9：昆山事故再敲警钟，全面安全管理重要性凸显。我国制造业的迅速发展伴随着频发的安全生产事故，一组组用生命叠加起来的数字，让制造企业再次聚焦安全生产问题。

热点 10：波士顿咨询揭示中国制造成本优势不在。波士顿咨询集团（BCG）近期公布了一份研究报告，将出口排名世界前 25 位经济体的制造业成本进行了量化比较，以美国作为标准，美国是 100，中国是 94，中国作为低成本制造业大国的竞争优势正在逐步丧失，温和的薪酬增长、高效的生产技术、低廉的能源价格以及美元汇率走低使得部分商品在中美两国的生产成本几乎没有差异，越来越多的美国企业与其他国家跨国公司未来会选择在美国境内进行生产。可见我们的优势已经不再，这也给了中国制造业一个警醒。

"中国制造 2025"策略

制造业物化了最新的科技成果，成为各国技术创新的主战场。

2012 年，我国制造业增加值为 20 792.62 亿美元，在全球制造业占比约 20%，与美国相当，成为世界制造大国。但是我国的制造业是大而不强，主要问题表现在四个方面：第一是自主创新能力不强，核心技术和关键元器件受制于人；第二是产品质量问题突出；第三是资源利用效率偏低，尤其不注重绿色和环保；第四是产业结构不合理，大多数产业尚处于价值链的中低端。

我们需要意识到，新一轮工业革命与中国加快转变经济发展方式、建设制造强国形成历史性交汇，这对中国是极大挑战和极大机遇。

我们对"中国制造 2025"提出了一些策略：

第一个策略是智能制造,这是"中国制造2025"最重要的内容。我们还在进一步做智能制造具体的战略规划,包括制造业的数字化、网络化、智能化。

第二个策略是提升产品的设计能力,实现产品的全数字化设计,结构、性能、功能的模拟与仿真优化。实际上智能制造的发展很重要的一部分也是智能设计。

第三个策略是完善制造业技术创新体系,包括企业成为技术创新主体,加强产业共性技术研究开发,加强创新人才培养。这其中人才是很重要的问题,我国制造业急需加快创新人才的培养等。

第四个策略是强化制造基础,包括基础零部件、基础材料、先进基础工艺等。因为这些基础的整体水平,将为中国制造业的发展奠定坚实的基础。

第五个策略是提升产品质量,包括产品的监管质量、诚信体系等。

第八个策略是推行绿色制造,这也是未来企业要面临的巨大挑战。从产品设计一直到加工制造、产品包装,包括产品的再生、维修等,今后都需要考虑绿色环保。

第七个策略是结构优化,我们希望2025年前优先发展与国民经济、国民建设相关的七大战略必争产业,如集成电路及其专用生产装备、数控机床、航空、海洋、汽车等,重点突破国际先进水平已较为接近的七大优势产业。

第八个策略是发展现代服务业。譬如通用电气(GE)将传感器安装在飞机发动机的叶片上,实时将发动机运行参数发回监测中心,对发动机状态实时监控,提供及时的检查、维护和维修服务,以此为基础,发展了"健康保障系统"。同时,大数据的获取,将极大改进设计、仿真、控制等过程。营销模式由销售产品转为销售飞行小时。

第七章

治理现代化

移动互联应用于城市交通的思路

周其仁　北京大学国家发展研究院教授

城市交通的约束条件和管制的必要性

在互联网时代的大背景下,城市交通改革中出现一系列不同的想法和矛盾,政府、消费者、出租车公司和出租车司机都有各自的考虑,但同时也面临着一些共同的限制。

出租车属城市交通,城市有什么特点?简单直白地说,城市的第一个特点就是在有限的空间里聚集了很多人。而城市不是乡土社会,人们互相知根知底。城市社会聚起来的是陌生人,数量大且有流动性,互相不熟知,所以建立信任的麻烦大。但因为分工程度高,城市人又非常需要彼此合作。为什么陌生人非集聚到一起,最根本的解释是聚到一起收入高。这也意味着城市人的时间比较贵。这是第二个特点。第三个特点是城市人通常比较贵的时间,分布很不均匀,上班、回家、约会、出差,甚至娱乐,都有准时的要求,而这些时间节点的分布不均衡,波峰、波谷差别很大。大家看城市交通,忙时堵得要命,闲时又空空如也。这些特点,是解决城市交通问题的约束条件。

为什么出租车要管制?首先是安全问题。如果可以随便用车把人拉走,那么车辆就有可能成为作案工具。说放开营运似乎容易,一旦出事就一定收回,来来回回最后就"均衡"在管制上了。背后的理由,其实就是城市大量陌生人的互相服务,要以安全为前提。

政府既然管制,就要对被管制对象负责任,起码要让被管制的公司和司机吃饱饭。由于交通载荷的时间分布不均匀,导致出租车牌照的最优数量很难确定。若按峰值水平发放牌照,那么高峰过后,很多出租车就没业务。因此,出租车牌照似乎难以达到供需平衡。高峰时价格浮动,出高价者先得车,也不是不可以,问题是怎样实现?如果让乘客与出租车当街砍价,高峰时段的城市道路就堵死了。在没有合适的技术手段对付这些难题之前,出租车的发牌数供给不足、进行价格管制等,是这个行当的常态。我第一次去华盛顿的时候,看到出租车分很多颜色,不同颜色的车去不同的区,绝不能跨区运营。后来读管制经济学，知道有个"俘虏理论"，政府实行管制，反过来也被管制对象"管"着，反正各有各的筹码。

移动互联的新风

现在，移动互联加入传统的城市出租车服务里来，进展很快，提出不少值得研究的新问题。大家看看以下几点能不能成立：

第一，移动互联为在陌生人之间建立信任，提供了一把利器。在传统互联网上，人们很难知道对方的真实身份，"你不知道我是一条狗"。但移动互联网基于手机，而在实名制下，每一部手机对应一个确定的人。这对建立陌生人之间的信任而言，是革命性的进步。比如，司机知道打车的人是谁，打车的人也知道司机是谁，双方都可以在服务平台上查到对方信息。车开到哪里了，也可以实时全程监控。为何移动互联在许多行业所向披靡？我的理解就是它能降低建立信任的成本，突破城市人需要合作但又难以建立信任的壁垒。这一点要引起市长、交管局、出租汽车公司、司机和消费者的足够重视。

第二，移动互联的出租车服务能降低空驶率，释放城市道路资源，缓解城市在某些时段最大的制约。城市为什么会拥堵，还不是因为造车的成本低，造路的成本高，所以造路的速度永远追不上造车的步伐。移动互联的出租车服务可以大大降低空驶率，等于增加道路资源的供应，司机也不用那么辛苦"扫马路"找顾客，燃料的消耗、污染的排放都可以控制，这非常可取。

移动互联出租车唯一的"问题"，是它对原有的秩序带来了冲击。其实所有技术进步都面临这样的局面。当年汽车的发明冲击了马车业务，引发过抗议，有的地方政府就规定汽车不能比马车开得快。但是从长远看，新技术、新模式最终是势不可当的。

我们现在讨论的"专车"，将来也可能又变成既得利益者，因为城市交通模式还在不断改变。最近日本有一群人倡议"都市无汽车"，用安全方便的轨道电车来取代汽车。不知道前景如何，不过一旦要落地发展，所有汽车包括现在热火得很的专车和出租车，也都会面临挑战，这是"进步"的题中应有之义。

当然，当下的情况是出租车司机众多，涉及大量现实利益，政府处理的时候的确要妥善，因为既得格局一旦大变，会触犯既得利益。城市交通也不是专车一家可以包打天下的，在可见的未来，还是离不开出租车服务。所以这里的问题，用老话说就是"手心手背都是肉"。希望各方可以退一步，从常识的角度，回到城市交通的整体约束条件下，探讨在新技术、新商业模式冲击下如何改善城市出行问题，立足现实，面向未来。

从程序合理性出发的问题解决思路

我们过去讨论问题比较注重本质合理性，即事情最合理的状态是什么样的，应该是什么样的。但是现代城市出行问题面临的是空间、人口、时间和新技术等搅在一起的问题，有完全不同的利益和角度，使得人们寻找完全一致的本质合理性变得有困难，所以要特别注意程序合理性。所谓程序合理性，就是即便在本质合理性方面一时难以达成一致意见，也要有一套办法来面对现实问题，推进实际问题的改善。

从程序合理性的角度，对移动互联出租车的出现，可以考虑以下几点。

第一，包容性管制方针。中国人口众多，空间资源有限，城市管理经验还不足，不依靠新技术是没有出路的。当年传统电信遭遇 IP 电话（网络电话）冲击，也是民间小企业先进入，但一下子就被打压下去了。后来有进步,两年前闹微信收费,总算有惊无险。一定要有个全民共识,即新技术虽然会冲击旧秩序,但包容一点儿,长久带来的利益会更大。包容性管制要强调心态开放、手段灵活、留有余地。通俗一点说,至少"君子动口不动手",讨论归讨论,什么意见都可以说,但除非有很大的把握,不要贸然一刀就把新事物砍下马。

第二,放权给城市。出租车是一个高度地方化、城市性的事务,少有跨城的互动效果。中国有600多个城市,各个城市的拥堵程度、道路资源、交管局的关注点以及出行的供求状况可能都不相同。这本是一个大国进行制度创新的很好的环境。应该把适合放下的权放下去,把相应的责任也放下去,让各个城市去解决出行问题,避免一下子做出一个全国性的方案。几百个城市将互联网和传统出租车行业结合,会产生很多不同的方案。交通部可以对各个城市进行评估,选出好案例进行表扬,然后参照其经验进行全国立法。城市事务由城市决策,成熟了再立法,先城市立法再慢慢上升为全国法律,这会是比较合理的解题步骤。

第三,法无禁止则可为。如果讲道理,那各种意见总都有些道理。但要讲法律,现行法规中有哪一条说移动互联打车是非法的？并没有这样一句话。要明确，移动互联出租车服务，不是现有法律定义过的任何出租车服务，现有法律没有也不可能有那么了不得的先见之明，把移动互联出租车预先就纳入管制范围。不要随意扩大原来法律的适用范围。法无禁止则可为，这是创新最重要的制度保证，也是程序合理性中重要的一环。当然，人们总会担心新技术带来负面影响。那就收集信息，提出分析，供修法或立新法参考。现在互联网打车出现的时间不够长，数量也不够多，谁也不能打包票说不会出事。但是，若专车带来人身财产的损伤，有刑法管；若存在欺诈行为，归合同法等裁定。不管用什么手段，只要危及他人生命财产安全，总是有法可依的。如果没有对他人或公共利益的损害，不应贸然就禁止。新业务在竞争中冲击老业务，不是"损害"，否则多开公交、多修地铁、发展新型城市交通都可能冲击出租车收益，动不动就游行抗议就没有市场经济了。法国的巴师夏写过一则经济学寓言：蜡烛商要起诉太阳，因为阳光几乎免费普照，所以减少了人们买蜡烛的需求。问题是，太阳真的侵犯蜡烛商权益了吗？

我国古代的治理，有一条叫民不举官不究。但现在不少事，民不举，官非究不可。我以为不能动不动就宣判"非法经营"，说这也"黑",那也"黑"。过去国家包办一切,所有人都是国家这个超级公司的雇员,你说这个不让干,总要安排人们干点别的什么。现在绝大多数是民营,你不让干这个又不让干那个,还不管人家的饭,那就要非常慎重。民间在市场上每找到一条新路,就能增加就业,还交税,这涉及国民经济的大局。

互联网城市化呼唤释放私车潜力

薛兆丰　北京大学法律经济学研究中心联席主任

我们对出行服务有迫切的需求。根据罗兰·贝格的估计,全国日均轿车出行需求约为 6 000 万次,其中有一半可由出租车满足,400 万次由注册租赁车满足,而 2 600 万次的缺口则只能由各种黑车、专车、不明不白的车或者我们称之为法外的车来满足。我们经济学人知道,需求量不是一个固定的数字,而是随着价格变动而变动的。如果出行的价格进一步下降,那么出行的需求量还有很大的增长空间。所以,目前这个数字,也只是一个参考。

不管怎样,要满足日均大约 2 600 万次的需求缺口,就必须突破双重限制。一是城市车辆增加的实体限制;二是出租车牌照数量的政策限制。首先,就必须解决物理上车的来源问题。车从哪儿来?如果"永远"不准私车进入市场进而满足部分出行需求,那就得添加大量新出租车。但是,我国汽车保有量已经达到 1.54 亿辆,增长率开始逐渐下降,显然增加新出租车并不是现实和有效率的做法。既然需求很迫切,供给受到限制,就要允许市场开发私车存量。

其次,是牌照的政策限制。出租车市场的管制和牌照问题由来已久。历史上最早出现的出租车就是马车,英国早在 1635 年就开始立法管制出租马车(Hackney Carriage Act),1654 年就开始发放出租马车的牌照。许多专家说,不论古今中外,出租车都是需要管制的。确实如此。那么,我们得问问,为什么出租车需要管制?

我认为最根本的原因是信息不对称。出租车跟饭馆不一样。饭馆的经营场所是固定的,顾客消费之后还能回来找到它。但出租车到处游荡。比如北京有 6 万辆出租车,如果遇到一个不好的司机,基本上这辈子你不会再碰到他。所以政府就得来管,往往就会实行牌照数量管制。这是古往今来出租车都需要管制的根本原因,是不可阻挡的。台湾曾经试过出租车个人注册登记制度,后来发生很多问题,最终又回到公司制度,原因还是人与人之间的信息不对称。

不得不进行管制的一个后果就是份子钱。只要管制了数量,就产生了垄断,就产生了垄断租,也就是份子钱。份子钱是数量管制的结果,而不是原因。这是钢铁一样的因果关系。如果不放开数量管制,份子钱是减不下去的。不管怎么用行政命令取消,最后份子钱还是会以这样或那样的方式冒出来。份子钱会涨到多高呢?在美国纽约,出租车牌照卖60万、70万、80万甚至100万美元一个。

信息不对称导致了管制,管制导致了份子钱,一环扣一环。那么有解决方案吗?答案是有!它来自一个我们意想不到的技术突破——移动互联网。2015年,中国智能手机保有量达到6.3亿部,全面取代功能手机。这些年来,人们自动自觉地给互联网基础设施做投资,每隔一年半到两年就换一部手机,重新做一次投资。在此基础上,涌现出了互联网约车服务,以及这些公司之间白热化的竞争。

当我们讨论互联网约车服务遇到的各种政策限制的时候,首先要看到经济发展的大势是谁都挡不住的,因为几百年来信息不对称的问题得到了革命性的解决。在约车平台上,司机可以被评分,乘客可以被评分,路线和价格都是透明的。上海的一位学者傅蔚冈认为,最关键的是支付手段发生了根本变化,从现金支付转为网上支付。过去出租车是散兵游勇,将在外军令有所不受,所以才需要那么多监管。今天,互联网约车平台可以非常精确地把控司机的路线、收入、车资以及其他所有服务细节，可以根据天气、地段、线路、供需、时段来灵活调整资费，而且车资直接转到公司账户上。互联网约车平台使得传统的出租车转变成跟餐厅一样的商业模式。

这时候，古今中外对出租车进行管制的根本理由，即信息不对称问题，已经荡然无存了。互联网约车平台能够做得比传统管制好得多。许多人都看到了这个趋势，特别是投资人看到潜在收益非常大，所以才愿意进行大量投资。

未来会怎么样？未来是"共享经济"。过去也是因为信息不对称，许多资源难以共享，只能闲置，所以闲置不算是成本。今天所有的资源都可以在互联网实现共享。不是说所有权不重要，而是使用权变得碎片化了，资源的使用效率提高了。既然有这个选择，能增加效益，能提高收入，那么闲置的成本就变得很高，而共享经济就会变成无法阻挡的潮流。

共享经济面临很多阻力。就以互联网约车而言，它在世界各地都受到各种指责，比如说没有交税、服务质量、安全问题等。其实这些都是可以解决的问题。最关键的是所有这些反对声音其实并不来自消费者，而来自他们的竞争对手。这才是问题的本质。

第七章 治理现代化

未来共享经济是挡不住的。问题是通过什么办法顺应这个变化。我提供两点意见。

第一,我们不能完全以欧美市场为参考,对欧美的做法亦步亦趋。欧美有许多做法是落后的,甚至是错误的。今天中国的信息产业发展很快,已经走在世界的前列。中国的互联网和信息经济的问题,就是世界的问题,就是世界的难题。我们不要向比我们落后的国家看齐,我们要看的是未来。

第二,我们可以实现多方共赢。科斯定律说,如果产权明确界定,且交易成本足够低——我加一句,只要收益足够大,饼足够大——那么不管产权如何分配,资源的使用方式将是相同的。今天各方利益冲突的根本就是出租车现有的牌照管制问题。解决问题的思路,就是约车公司不仅要互相并购,还要去入股和并购现有的出租车公司。可以在现有的出租车上,打上联营共管的标志,比如"Powered by Didi"(由滴滴支持)或"Uber Inside"(优步旗下)之类,共享收益。可以把出租车公司的员工收编过来,跟国企改革一样,老职工到一个新的环境也能释放出巨大的能量。这是实现多方共赢的一个途径。

生态治理现代化越显重要和紧迫

俞可平　北京大学政府管理学院院长

十八届五中全会审议通过了《中共中央关于制定国民经济和社会发展第十三个五年规划的建议》，提出："统筹推进经济建设、政治建设、文化建设、社会建设、生态文明建设和党的建设，确保如期全面建成小康社会"；"坚持绿色发展，必须坚持节约资源和保护环境的基本国策"。推进生态文明建设必须实现生态治理现代化，这是国家治理现代化的重要部分，也是"坚定走生产发展、生活富裕、生态良好的文明发展道路"的必然选择。在"十三五"时期，要形成人与自然和谐发展的现代化建设新格局，推进美丽中国建设，离不开生态治理现代化。

生态文明建设具有紧迫性，不仅直接关系到人民生活的幸福与否，而且关系到中国现代化事业的成败

实现高度发达的物质文明、政治文明、精神文明和生态文明，是我国现代化建设的根本目标，也是实现中华民族伟大复兴中国梦的基本内容。物质文明事关人们的民生福利，政治文明事关人们的自由民主，精神文明事关文化道德，生态文明事关生存环境。这四大文明是一个完整的整体，缺一不可。在四大文明目标中，对于已经解决温饱问题、初步建成小康社会的今日中国来说，生态文明则尤其重要。如果没有青山绿水，即使满地都是金山银山，也很难有人民的美好生活。没有生态文明，物质文明、政治文明和精神文明再发达，也不可能有人民的幸福生活，而人民幸福是任何现代文明国家追求的最终目标。

当前，推进生态文明建设具有紧迫性，不仅直接关系到人民的生活幸福，而且关系到中国现代化事业的成败。改革开放后的中国现代化事业，翻开了中国历史的新篇章，极大地改变了中国乃至世界历史的进程。改革开放30多年来，中国人民的生活从整体上进入梦寐以求的"小康"阶段，国家也迅速发展成为世界的主要经济和政治大国。然而，人们在享受现代化带

来的甜蜜果实的同时，也品尝着环境恶化带来的苦涩后果。我们的现代化成就，特别是高速的经济增长，举世瞩目；但我们为现代化付出的沉重代价也日益令人担忧。大气污染、土壤污染、水污染、沙漠化、资源枯竭、生态失衡等，已经直接影响人们的健康生活。环境问题已经成为影响中国未来发展最严重的挑战之一，由环境问题引发的群体性冲突事件也已经成为影响社会稳定的主要因素之一。

建设现代的生态治理体制，推进生态治理的现代化是建设高度发达的生态文明的必由之路

从世界范围看，现代化进程中出现某种程度的环境恶化，带有一定的必然性，西方发达国家几乎都为此付出过沉重的代价，其中的经验教训值得认真吸取。令人痛心的是，当今社会中有许多方面重蹈了西方发达国家在环境方面的覆辙。其实，环境问题虽然跟宏观政治经济体制有关，但直接相关的却是国家的生态治理体制和生态治理能力。换言之，如果生态治理体制落后，生态治理能力弱化，那么即便在社会主义条件下也照样会有穷山恶水。

自然环境的破坏和生态的失衡,大多是由不适当的治理体制造成的,特别是由不适当的环境公共政策和经济发展模式导致的;反过来,当自然环境危害民众的生活质量和人类的生存条件时,生态问题又会转变成治理问题甚至是政治问题。环境与治理的这种辩证关系,从改革开放后我国的发展变迁中获得了深刻的证明。我国的现代化创造了世界经济史的奇迹,GDP年均增长连续30多年超过9%,但为之付出的代价极其昂贵,其中主要的代价之一就是环境污染。GDP崇拜和GDP主导的绩效考核,在相当长一段时间里形成了一些地方不计环境成本的增长模式,"先发展,后保护"曾经是许多地方政府的发展思路。

近些年来,我们党和政府开始调整这种以牺牲环境为代价的增长模式。但是,水污染、大气污染、土壤污染等已严重威胁到人们的生活质量和生命健康,使人们对生态环境变得日益敏感。一些地方的城乡居民纷纷开始环保自救行动,其中引人注目的现象就是日益关注周围的环境质量,主动反映周边的环境状况,这形成了民意的一个重要焦点。不仅如此,当民众的环境权益面临威胁时,有些地方甚至出现了抗争行为。近年有些地方发生的大规模冲突事件,不少是由环境问题引发的。由此可见,环境问题已经成为我国一个紧迫的治理问题。

推进生态治理现代化，推动形成人与自然和谐发展的现代化建设新格局

如何健全我国的现代生态治理体系，推进生态治理现代化，从而推进生态文明建设？总的说来，就是必须坚持节约资源和保护环境的基本国策，坚持节约优先、保护优先、自然恢复为主的方针，立足我国社会主义初级阶段的基本国情和新的阶段性特征，以建设美丽中国为目标，以正确处理人与自然的关系为核心，以解决生态环境领域突出问题为导向，保障国家生态安全，改善环境质量，提高资源利用效率，推动形成人与自然和谐发展的现代化建设新格局。具体地说，尤其要注意从以下几个方面着手：

第一，坚持"绿色发展"理念。坚决克服"先发展，后保护"的传统观念，坚持保护优先，努力做到"发展与保护相统一""以保护求发展"。要增强全民生态意识，特别是各级领导干部的生态意识，树立山水林田湖是一个生命共同体的理念。真正认识到，人与自然共同构成地球这个生命共同体，人类只有一个家，没有良好的生态环境，人类就会失去一切。

第二，完善生态治理的制度体系，推进生态保护的标准化建设，健全生态治理的行业规范，将生态治理纳入法治化轨道。

制度化、规范化、标准化和法治化，是国家治理现代化的基本要求，也是生态治理现代化的基本要求。在生态治理制度体系建设方面，一方面要努力实现生态文明体制改革的目标，即到 2020 年，构建起自然资源资产产权制度、国土空间开发保护制度、空间规划体系、资源总量管理和全面节约制度、资源有偿使用和生态补偿制度、环境治理体系、环境治理和生态保护市场体系、生态文明绩效评价考核和责任追究制度等。另一方面要重视标准化建设，生态保护必须有全面的、具体的和科学的标准，并且从制度上切实保证行业标准得到认真的执行。

第三，扩大公民参与，努力实现生态领域的官民共治和社会共治。民主是现代国家治理的本质特征，公民参与是民主治理的实质性要素，官民共治和社会共治是通向善治的途径。生态治理也不例外，没有公民参与，就没有生态治理的现代化；没有共治，就没有生态善治。环境保护涉及全体民众，每个人都是环境政策的利益相关者，尤其需要公众参与。进而言之，公众参与环境保护甚至不是一个自选项，而是一个必选项。我们所能选择的只是：以何种方式参与？是主动参与还是被动参与，是合法参与还是非法参与，是有序参与还是无序参与？我们当然应当选择主动的、合法的、有序的参与。从世界各国的成功实践来看，参与式治理是民主治理的最新发展和普遍趋势，生态保护领域应当成为参与式治理的模范领域。

第四，更加重视生态领域的公平正义，努力维护生态保护过程中的公平正义。公平正义作为社会主义的首要价值，应该体现在人类活动的方方面面，包括生态保护和生态治理。当前，教育、健康、安全等社会领域的不平等问题比较严重，环保领域也开始受到严重影响。例如，发达地区的一些污染企业开始转向落后地区，城市的污染企业向农村地区搬迁，一些落后地区通过毁林毁地增加收入，等等。这些做法实际上是生态领域不公正的体现，必须坚决纠正这种倾向，不能落入"落后就要被污染"的发展陷阱。

第五，以更加开放务实的态度，学习借鉴发达国家在生态治理方面的先进经验。毋庸讳言，发达国家在生态文明方面至今仍走在前列。但它们在其现代化进程中同样付出过沉重的代价，有许多弥足珍贵的经验和教训值得吸取。生态治理虽然也与社会政治体制密切相关，但就其性质而言，具有更多的工具性，不同体制之间的生态治理经验完全可以相互学习借鉴。无论在哪个国家哪种体制下，人类对青山绿水的需求应当是一样的，青山绿水的标准在任何国家也应当是基本相同的。因而，发达国家保护青山绿水的许多做法和生态治理的一些措施，值得我们学习借鉴。

后记

供给侧改革如何引领中国"十三五"[①]

朱克力　智石经济研究院执行院长、研究员

经济动力羸弱现状及宏观展望

2010年以来,中国经济增速一直面临下行压力,直到2015年第三季度降至同比增长6.9%,至今尚未扭转下行趋势。诸如结构性产能过剩、企业债务高企、房地产库存过多等众多重要经济难题横亘在前,短期内难以得到有效解决,使经济增长动力越加羸弱。

具体而言,以传统的"三驾马车"分析框架或需求端视角

[①] 本文由作者及其研究生雷达(北京外国语大学国际商学院金融硕士)合著。

分析，无论是投资、消费还是净出口，都面临着下行的现实压力。从投资来看，截至 2015 年 11 月，固定资产投资累计同比增长 10.2%，较 2014 年同期下降 5.6 个百分点；房地产投资累计同比增长 1.3%，较 2014 年同期下降 10.6 个百分点。2015 年以来虽加大了基础设施投资力度，但由于制造业去产能、房地产去库存仍处于深水区，占比较大的制造业投资和房地产投资都显不足。

从消费来看，2015 年 1~11 月社会零售总额累计同比增长 10.6%，较 2014 年同期下降 1.36 个百分点；截至 2015 年三季度居民收入同比增长 6.8%，较 2014 年同期下降 0.1 个百分点，可见消费和居民收入增长整体也处于下行趋势。

从净出口看，截至 2015 年 11 月，中国进口同比下降 9%，出口同比下降 7.1%，贸易顺差同比下降 1.21%，下降趋势明显。且 2015 年第三季度数据显示，货物和服务净出口对经济增长贡献率已降为 –1.8%，靠出口拉动已非可选项。

基于如此情势，可以预期：2016 年中国经济仍有相当大的下行压力，甚至可能进一步下探。因此亟须进一步加速结构性改革，寻找增长新动力新空间。

正确理解"供给侧改革"的逻辑

自 2015 年 11 月以来，中央高层频繁提出供给侧改革。日前刚刚结束的中央经济工作会议，也将供给侧改革定调为 2016 年改革与发展的四大看点之一。

以需求管理来刺激经济增长的发展模式之所以进入瓶颈，原因在于中国现在的问题并不是周期性的经济失调，而是生产能力，尤其是创新性、高端的生产能力不足，伴随着低端产能过剩、资源过度流入低效传统部门的结构性问题。一味以财政和货币政策进行刺激，无法从本质上解决该问题，反而会使问题积累越来越大，风险也随之增高。加之刺激政策边际效益递减，需求管理已趋强弩之末。

此番中国政府提出供给侧改革之前，整个社会和大众媒体都深陷在总需求管理的迷雾之中：提到经济增长，则满篇不是谈论投资拉动、消费拉动，就是谈论降息、降准，在很大程度上造成了经济增长概念的混乱。实则，即便以凯恩斯主义视角观之，也只有在总需求不足，即总需求小于长期总供给时，进行需求管理才是有效的。而在短期内，长期总供给线是垂直的，如果它不向右移动，那即便将短期总需求提到高于长期总供给，实际产出最终还是会回落到潜在产出水平，保持经济增速自然也就无从谈起。

什么是经济增长？从国内生产总值这个词的字面意义，可以认为，经济增长关注的是一国在一定时期内生产能力的增长。法国古典经济学家萨伊有句名言：供给创造自己的需求（萨伊定律）。生产能力即潜在产出提高了，长期总供给曲线能够不断向右移动，那么总需求和国民收入自然就随之而增长。反之，如果潜在产出不变，则长期来看国民收入也无法增长，即使短期内进行需求管理提高了实际产出，最终可能只是转变为产能过剩和物价上涨而已。

由此可见，当下中国经济的问题，主要在于潜在产出增长乏力。借鉴柯布-道格拉斯生产函数，$Y=A \times f(K, L)$，至少能看出这样几个问题：

（1）中国目前虽然经济体量很大，但由于各种体制原因，无论是科技进步还是商业创新都显得十分不足，因而全要素生产率提升困难。

（2）虽然中国目前处于资本相对充裕的阶段，但是由于效率低下的国有企业在获得资本方面拥有绝对优势，而相对灵活的中小企业却融资困难，使得资本的投资回报率不高。加之目前较低的利率水平进一步刺激了国有企业进行低效率资本扩张的冲动，这会不会进一步加剧国企债务高企的问题？目前并不明朗。因而通过进一步增加杠杆以形成资本积累的方式不可持续。

（3）中国的人口红利早已耗尽，而目前的生育率已远远低于人口代际更替率。如果不采取有效的措施保障劳动力供给，中国的快速老龄化问题，将对潜在产出增长产生很大的负面影响。

潜在产出面临的巨大挑战的一个具体表现，就是中国经济增速的不断下滑，而这个下滑无法通过大规模货币政策刺激加以解决。开启另一个思路，进行供给侧改革更合理和应时。汲取美国20世纪80年代里根经济学的经验教训，当前中国经济改革可着重关注以下方面：

（1）政府进一步简政放权，减少不必要的行政干预，从而提升经济效率和减少市场运行的体制成本。

（2）国企市场化改革，提升国有企业经营效率。放开非必要的政府垄断行业，为民营资本和国有资本的市场化竞争营造公平环境。

（3）进行结构性减税，增强企业活力以促进商业创新；同时增加个人可支配收入,以促进消费持续增长。

(4)放开人口生育限制,甚至鼓励生育,从而将人口生育率尽量提升至代际更替率的水平。

"十三五"中国经济增长新动能

要想如期完成"十三五"规划的目标,保持经济中高速增长和全面建成小康社会,中国需要培育新的增长动力和源泉。国务院 2015 年 11 月发布的《关于积极发挥新消费引领作用加快培育形成新供给新动力的指导意见》提出,让新消费引领和催生新投资、新供给,并形成经济发展新动力。进一步说,就是促进供给侧结构性改革,以满足服务消费、信息消费、绿色消费、品质消费、农村消费等新消费需求;促进产业升级转型,淘汰落后产能和僵尸企业,从需求和供给两侧同时发力,提升经济增长质量和增长潜力。

以网络约车平台为例。随着移动互联网的普及,以及传统出租车行业无法满足居民外出打车需求的矛盾激发,网络约车平台这种新商业模式应运而生。通过在线平台的资源调配和私家车车主的接入,在很大程度上弥补了原来管制市场的供给不足。政府在管理过程中需尽量减少对这种服务模式的创新添加过重的行政管制，而要鼓励市场来发挥资源配置的决定性作用，以创新供给来满足新的需求，从而提升经济效率。

在新消费的目标函数下，供给侧改革，就是促进资本、劳动力等资源流动到最有生产力和创新力的部门，从而不断焕发市场活力、发现新的经济增长点。供给侧改革不是加大政府对供给的计划和管制，而是进一步简政放权，让市场和民营资本发挥更多主动性与创新性，增加供给的活力和质量。

以此为出发点，智石经济研究院认为，中国"十三五"乃至未来经济可持续发展的新动能，主要包括：①对内深化供给侧改革，以激活中国经济内生动力；②对外深入挖掘"一带一路"等协同效应，以加强国际产能合作；③大力鼓励创新，以法治保障创新创造，使创新真正成为驱动发展之源。

其中，推进供给侧结构性改革，立足于"市场决定"和新常态的宏观经济大逻辑，在"双创""互联网+""中国制造2025"等产业经济和微观经济层面的战略矩阵下，蓄势发力，持续激发企业家精神和万众创新伟力，方可顺利实现要素驱动向创新驱动的转型升级。